Myriam Boubli

PSYCHOPATHOLOGIE DE L'ENFANT

Conseiller éditorial pour cet ouvrage : René Kaës

© Dunod, Paris, 1999
ISBN 2 10 004380 3

Toute représentation ou reproduction intégrale ou partielle faite sans le consentement de l'auteur ou de ses ayants droit ou ayants cause est illicite selon le Code de la propriété intellectuelle (Art L 122-4) et constitue une contrefaçon réprimée par le Code pénal. • Seules sont autorisées (Art L 122-5) les copies ou reproductions strictement réservées à l'usage privé du copiste et non destinées à une utilisation collective, ainsi que les analyses et courtes citations justifiées par le caractère critique, pédagogique ou d'information de l'œuvre à laquelle elles sont incorporées, sous réserve, toutefois, du respect des dispositions des articles L 122-10 à L 122-12 du même Code, relative à la reproduction par reprographie.

Danger, le photocopillage tue le livre ! Nous rappelons que toute reproduction, partielle ou totale, de la présente publication est interdite sans autorisation du Centre français d'exploitation du droit de copie (CFC, 20 rue des Grands-Augustins, 75006 Paris).

Sommaire

Avant-propos 7

Chapitre 1
Normalité et pathologie dans le développement de l'enfant

I. L'environnement affectif et relationnel 11

II. Les poussées développementales 12
   1. Mouvance et plasticité de la psychopathologie de l'enfant 13
   2. Expression somatique et/ou comportementale de l'angoisse infantile 14

III. Les apports de l'observation clinique à la psychopathologie de l'enfant 14
   1. Les compétences sensorielles du nouveau-né et du bébé 15
   2. Les compétences sociales précoces 18

IV. Les capacités d'adaptation et d'apprentissage 21

Chapitre 2
Le bébé

I. L'oralité, espace psychique d'expérimentation du soi et du non-soi 23
   1. Les interrelations dans l'espace de l'oralité 23
   2. Les constructions psychiques dans l'interrelation orale 26
   3. Appareil psychique : « appareil à penser les pensées » 34

II. Les pathologies développées dans l'espace des interrelations orales — 36
  1. Côté maternel — 37
  2. Côté bébé — 42
  3. Côté environnement — 44

III. L'expression somatique du mal-être du bébé dans l'espace relationnel oral — 47
  1. Les troubles de l'incorporation orale — 49
  2. Les troubles de l'expression psychomotrice : des difficultés à gérer l'expérimentation de soi et de l'autre — 52
  3. Les troubles du sommeil : vigilance extrême ou intolérance au désinvestissement de l'environnement — 53
  4. Les spasmes du sanglot — 55

IV. La dépression du nourrisson — 57

V. L'autisme et les psychoses très précoces — 59
  1. L'autisme infantile précoce — 59
  2. Les psychoses symbiotiques — 66

Chapitre 3
L'enfant

I. Les processus du développement normal — 69

II. L'expérimentation de diverses modalités de relations à l'objet et à soi — 69
  1. Le processus de séparation d'individuation — 69
  2. L'analité comme exploration des liens moi/objet : l'expulsion et la rétention — 71
  3. Le recours à des fantasmes d'omnipotence : la période phallique — 74
  4. Les conflits associés à la triangulation œdipienne — 75
  5. La latence : temps de perlaboration — 77

III. Les diverses expressions du mal-être de l'enfant — 80
  1. Les troubles des acquisitions — 80

	2. Les troubles provoqués par les angoisses d'individuation et de séparation	87
	3. Les carences affectives sous l'angle du nanisme psychogène	94
IV.	**Les distorsions psychiques de la personnalité**	**97**
	1. Les troubles névrotiques à traits hystériques	98
	2. Les phobies	100
	3. Les troubles présentant des traits obsessionnels	102
	4. Les pathologies limites	104
	5. Les psychoses infantiles	106

Chapitre 4
L'adolescent

I.	**Les recours défensifs possibles pour éviter des conflits génitaux**	**113**
	1. Le recours à la confusion soi/objet pour éviter la génitalité : la boulimie	113
	2. Le recours à la sensorialité pour réprimer ses affects et ressentir ses limites corporelles : l'anorexie	115
II.	**La rupture de développement**	**117**
Bibliographie		**119**
Index		**125**

Avant-propos

Ce livre d'initiation à la psychopathologie de l'enfant est destiné à un large public : à la fois aux étudiants en psychologie (niveau licence, Deug) à qui il importe de donner des renseignements et de possibles pistes de recherche et d'approfondissement, et à un public plus large, mobilisé par le champ de l'enfance : pédagogues, pédiatres, éducateurs, puéricultrices, psychomotriciens et, bien sûr, parents.

La psychopathologie doit beaucoup à la psychanalyse : elle lui doit ses outils conceptuels ainsi que la remise en question des oppositions traditionnelles entre le normal et le pathologique. S. Freud a montré qu'il n'existait pas de discontinuité radicale dans le passage entre une personne dite normale et une personne présentant des troubles. Serge Lebovici (1970) résume fort bien cette position, en considérant que chacun d'entre nous est porteur de plusieurs noyaux structuraux dont l'équilibre et le déséquilibre nous classent dans la catégorie des bien portants ou des malades mentaux en fonction de la hiérarchie de leurs fonctions dans notre organisation mentale. L'absence de barrières infranchissables entre le normal et le pathologique donne davantage de chances aux perspectives de soins.

Je prendrai, comme critère essentiel du pathologique, ce qui mobilise de l'angoisse, entrave la personnalité dans son développement psychique, réduit sa marge de tolérance et d'adaptation possible au milieu et, de ce fait, aggrave encore l'angoisse. Il sera nécessaire, dans ce but, de réfléchir aux aléas, aux difficultés, aux échecs de construction d'un « soi » unifié, de plus en plus cohérent.

Les crises développementales, nécessaires à la croissance, peuvent donner des manifestations symptomatiques qui signent le conflit sans être pour autant pathologiques. L'étude de la psychopathologie de l'enfant est particulièrement complexe. Les symptômes, qu'il s'agisse de troubles alimentaires, de troubles du sommeil, de cauchemars, etc., ne sont souvent que les aléas du développement et n'impliquent pas de pronostic. L'enfant – il est important de mettre l'accent sur ce point – est un être en développement, et cela modifie radicalement le dynamisme des processus à l'œuvre. L'apparition d'une symptomatologie, parfois importante, ne peut être en soi le signe d'une pathologie. La date d'apparition des symptômes, leur persistance ou non, leur évolution, sont à considérer comme éléments nécessaires à toute tentative de compréhension psychopathologique des processus à l'œuvre, sans aucune causalité fixiste et rigide.

Il est difficile d'apprécier l'importance intrapsychique d'un événement et ses conséquences. L'expérience clinique nous enseigne que les conséquences d'un événement de type traumatique, perte d'un parent, séparation brutale, se modulent à la fois en fonction de l'âge de l'enfant et de son positionnement à l'intérieur du vaste processus de séparation et d'individuation, processus qui se développe tout au long de la vie, scandé par deux conflits fondamentaux : celui de l'œdipe et celui de l'adolescence.

Chez l'enfant, on ne peut pas parler en terme de structures, au sens où il est employé pour les adultes. La psychopathologie de l'enfant est caractérisée, de façon fondamentale, par sa mouvance. L'approche psycho-dynamique utilisée en psychopathologie se donne comme visée de saisir les mécanismes, les processus à l'œuvre dans les comportements, les modes de pensée pathologiques, afin de rendre compte de la façon dont chaque sujet gère psychiquement l'ensemble de ces données.

L'organisation de ce livre s'appuie à la fois sur les repères d'âge et sur la perspective psychanalytique du développement. Les stades du développement psycho-sexuels sont pensés non pas comme des étapes du développement du bébé et de l'enfant, mais comme de grands processus caractérisés par une organisation de la libido sous le primat d'une zone essentielle et par la prédominance de formes de relations d'objet. Cette base de départ sera réactualisée à la lumière des recherches psychanalytiques actuelles et dans d'autres domaines, qui questionneront et modifieront cet apport premier.

Nous axerons ce travail sur les processus intrapsychiques et interrelationnels à l'œuvre chez l'enfant. Les paramètres sociaux des interrelations ne seront pas développés non pas pour nier l'impact de ceux-ci, mais pour mettre l'accent sur le fait que, loin d'être un réceptacle passif à son environnement, l'enfant participe activement à celui-ci et à son propre développement.

Chapitre 1

Normalité et pathologie dans le développement de l'enfant

Deux facteurs sont essentiels à la compréhension de la psychopathologie de l'enfant :
– l'enfant est dépendant de son environnement affectif, relationnel ;
– il est dans une poussée développementale.

De ce fait, plus il est jeune, plus la mouvance de sa pathologie est extrême ; plus il est jeune et/ou perturbé, plus le mode d'expression de son malaise interne s'effectuera sur un mode somatique, comportemental.

I. L'ENVIRONNEMENT AFFECTIF ET RELATIONNEL

Depuis plus de cinquante ans, on sait que l'enfant est loin d'être un réceptacle passif que l'éducation pourrait totalement modeler. Cependant, ce mythe reste souvent très actif dans la pensée éducative, comme dans de nombreux présupposés cliniques qui s'orientent électivement vers une étiologie familiale, parentale, qui substituent à la prise en charge des enfants en souffrance celle des parents. L'idée persistante qui demeure est la suivante : tout ce qui arrive à un enfant dépend des parents, de leur plus ou moins grande dextérité dans la tâche difficile d'aimer et d'éduquer leur enfant.

Cette conception du rôle parental, sous-tendue par un désir de contrôle tout-puissant de l'adulte sur l'enfant, prototype du mythe de Pygmalion (Kaës, 1975), a rendu les adultes longtemps aveugles aux compétences précoces des enfants. Le revers de la médaille, c'est que cette conception adultocentriste a favorisé la mise en accusation des éducateurs, des parents lors de l'apparition de pathologies. L'observation clinique a révélé que certains enfants sont d'une extrême sensibilité aux stimulations, aux changements, aux ruptures mêmes brèves, tout à fait supportables pour d'autres ; une mère « suffisamment bonne », selon l'expression de Donald W. Winnicott, se révélera inadéquate face à ces enfants parfois qualifiés d'hypersensibles. À l'inverse, d'autres enfants dits « résilients » (*cf.* chap. 2, « 1. Les interrelations dans l'espace de l'oralité »), dans des situations familiales extrêmement dures, ne présenteront pas de pathologie.

Les modifications sociales habituelles du milieu : entrée à la crèche, à l'école, déménagements, sont autant de crises qui peuvent se révéler maturantes ou déstructurantes. Ces nécessités d'adaptation sociale mettent à l'épreuve les potentialités d'individuation des enfants, leurs capacités à assumer la frustration, à accepter des règles, à se concentrer sur des apprentissages de plus en plus abstraits… Des circonstances riches en potentialités développementales à un certain âge et degré de maturité d'un enfant (départ en colonie de vacances…) peuvent, si l'enfant n'est pas encore prêt psychiquement à l'assumer, provoquer une crise capable d'entraver momentanément ou de façon durable son développement ultérieur. C'est dire à quel point les circonstances extérieures ne prennent sens qu'à la lumière de l'âge et du fonctionnement intrapsychique de l'enfant qui les traverse.

II. LES POUSSÉES DÉVELOPPEMENTALES

Chez l'enfant, tout symptôme psychopathologique doit être situé dans une trajectoire maturative, ce qui permet d'appréhender le sens et la gravité d'une symptomatologie.

Lorsque les symptômes qui résultent de conflits apparaissent à une étape spécifique du développement (moment d'obsessionalité à la latence, par exemple), s'ils sont réactionnels à un événement (naissance d'un bébé, passage en maternelle), ils n'ont guère en eux-mêmes de signification pathologique. On peut même aller plus loin et dire avec D. W. Winnicott qu'ils sont souvent le signe d'une bonne santé psychique, d'une capacité à affronter les conflits. Un enfant qui présenterait une absence totale de jalousie, de manifestation phobique (phobie du noir, de gros et de petits animaux, etc.) signalerait par là même son angoisse massive, l'obligeant à faire appel à des mécanismes de défense archaïques et invalidants, tels que la dénégation. L'hyperadaptation d'un enfant, sa trop grande maturité sont actuellement considérées comme des signes de difficultés identificatoires.

L'apparition d'un symptôme isolé est parfois gênante de par son intensité ou sa qualité (phobie par exemple), mais elle peut aussi permettre à l'enfant d'organiser son angoisse, grâce à un point de fixation, lui facilitant ainsi la sauvegarde des autres secteurs de sa vie et de son développement.

1. Mouvance et plasticité de la psychopathologie de l'enfant

Nous avons vu que plus l'enfant est jeune, plus des événements traumatisants (soins inadéquats, opération, rupture de liens) pouvaient entraver durablement son développement. Il faut, cependant, souligner que plus l'enfant est jeune, plus il semble aisé pour lui, même après des écarts importants dans son développement, de revenir dans les voies du développement. La conséquence clinique est l'extrême prudence nécessaire dans les essais prédictifs ; Berry Brazelton a été amené à orienter son travail en fonction de cette donnée fondamentale qu'est la plasticité du bébé, et il a renoncé, de ce fait, à son projet initial d'utiliser ses échelles de développement dans un but prédictif.

Actuellement, les recherches menées sur des troubles graves du développement montrent que plus l'enfant est pris en charge tôt, plus grandes sont les chances de l'aider à sortir de cette pathologie. Le souhait des thérapeutes est de pouvoir commencer une prise en charge avant 3 ans, dans les troubles importants de la relation. Plus on tarde, plus les modes de défense se fixent, plus la résistance au changement est grande.

Si l'une des caractéristiques de la psychopathologie de l'enfant est sa plasticité, certains symptômes se fixent, toutefois, de façon durable. Lorsqu'on n'a plus affaire à des symptômes isolés, ponctuels, mais à un ensemble stable de symptômes, à un syndrome, nous sortons du cadre du conflit pour passer à celui de crise, susceptible de laisser des traces durables.

Les psychoses infantiles ne se transforment pas en psychoses de l'adulte : chez un enfant jeune, les processus impliqués ne sont pas issus de désorganisation mais de non-organisation. C'est pourquoi les psychoses infantiles évoluent vers des états déficitaires, des débilités profondes ou moyennes (les capacités langagières, de conceptualisation ayant été entravées par la pathologie).

2. Expression somatique et/ou comportementale de l'angoisse infantile

L'angoisse chez les bébés et les jeunes enfants s'exprime majoritairement, lorsque l'enfant est jeune, sur un mode somatique et/ou comportementale. Ainsi passe-t-elle souvent inaperçue aux yeux des parents, des pédiatres non avertis et des enfants eux-mêmes. La capacité à intérioriser, à mentaliser le conflit croît avec l'âge et en fonction de la disponibilité psychique de la personne fournissant soins et affection. Le conflit entre les demandes externes et les désirs internes se transforme en conflit entre les demandes internes et les désirs internes. Les troubles à expressions somatiques et comportementales cèdent alors la place à des troubles que l'on pourrait qualifier de mentalisés (angoisse, cauchemars, phobies).

Si l'on considère le développement comme un processus partiellement bioprogrammé, nécessitant pour devenir une structure d'être confronté à l'environnement de l'enfant, en particulier à l'environnement psycho-affectif procuré par la mère, on pourrait dire, comme Freud (1915) à propos de la pulsion, qu'il s'agit de cette part du biologique qui requiert une participation de l'appareil psychique et qui, à son tour, est mobilisée, modifiée par les registres affectifs et environnementaux.

III. LES APPORTS DE L'OBSERVATION CLINIQUE À LA PSYCHOPATHOLOGIE DE L'ENFANT

Depuis plus de trente ans, les observations cliniques de pédiatres, de psychiatres, de psychologues, de psychanalystes, et les expériences menées par des expérimentalistes ont interrogé la théorie psychanalytique, en particulier sur la nature des premiers liens mère/enfant, sur la forme de relation d'objet à l'œuvre au tout début de la vie et sur l'existence, présupposée, d'un autisme normal et protecteur chez les bébés. Une connaissance détaillée et précise du développement « normal » peut ainsi servir de base à une compréhension plus fine et plus profonde du devenir déviant et pathologique des individus, de leurs relations. Ce type d'approche, dans l'optique d'une conception développementale du devenir d'un individu, permet une détection, une prévention précoce et une intervention plus efficace.

Un bébé mû uniquement par ses besoins physiologiques, un bébé passif et indifférencié n'est plus pensable aujourd'hui. Les recherches actuelles lui attribuent des compétences de plus en plus fines de discrimination, aussi bien auditives que visuelles, des capacités de reconnaissance (odeur, voix de la mère), des capacités à se synchroniser avec sa mère dans des rythmes interactifs.

1. Les compétences sensorielles du nouveau-né et du bébé

Les études psychobiologiques ont montré que non seulement tous les systèmes sensoriels humains sont fonctionnels à la naissance, mais que le fœtus humain possède lui aussi des capacités sensorielles et reçoit *in utero* des informations dont il garde un certain degré de mémorisation. Ce dernier point questionne sur l'hypothèse d'une période d'identification adhésive totale à la naissance. Ce concept d'identification adhésive, proposé par Esther Bick (1968, 1986) dans ses articles sur la peau psychique, rend compte d'un univers mental à deux dimensions dans lequel les qualités sensorielles des objets possèdent une extrême importance. L'identification adhésive serait fugitivement prédominante dans les premiers temps de la vie et se maintiendrait chez les enfants psychotiques et autistes. Cet univers à deux dimensions, sans intériorité, ne permettrait pas la mémorisation, l'incorporation, l'intériorisation des événements. Ce concept, très utile dans la compréhension des processus à l'œuvre chez les enfants autistes et psychotiques, paraît ne pas correspondre à une forme d'identification permanente dans le développement normal du nourrisson. La mémorisation des expériences nécessite de postuler l'internalisation des expériences et donc l'existence d'un monde à trois dimensions dès la naissance, même si une position adhésive peut être fugitivement prédominante dans les premiers temps du développement normal.

• La sensorialité auditive

Des études conduites sur des bébés très prématurés révèlent une correspondance spécifique entre les cris des nourrissons et les intonations, les rythmes et certains traits du langage de la mère. Ces correspondances vont dans le sens de l'audition mais aussi de l'apprentissage du langage dans l'utérus. L'étrangeté des pleurs, produits par les nouveau-nés de mères muettes, semble confirmer que ce bain de langage intra-utérin leur a manqué. On imagine le manque de stimulation des enfants sourds eux-mêmes. Chez l'être humain, des expériences ont montré que des bébés de moins de 2 heures de vie discriminent, avant toute stimulation postnatale, la voix de leur mère parmi cinq voix féminines et, après moins de 12 heures en compagnie de leur mère, préfèrent sa voix à celle de n'importe quelle femme. On peut se demander quelles traces sensorielles peuvent persister chez les enfants abandonnés à la naissance ou après quelques jours de vie avec leurs mères. Les enfants autistes, quant à eux, se particularisent par leur apparente insensibilité aux bruits, à la parole humaine, ce qui amène les parents et les médecins à les croire sourds, parfois à les appareiller. Pourtant, on sait, à partir des psychothérapies et des récits d'enfants post-autistes, leur grande sensibilité aux intrusions sonores.

De plus, le nourrisson est capable de localiser l'origine d'un son : il tourne sa tête vers la source sonore. L'idée qu'un son signale quelque chose à voir est des plus surprenantes, chez un nouveau-né (Bower, 1974) : elle implique l'idée d'une coordination intermodale, d'une perception supramodale. Des expériences confirment les transferts d'informations d'une modalité d'information à une autre (des bébés de 29 jours reconnaissent visuellement un objet exploré antérieurement sur un mode tactile). D. Stern (1989) et A.N. Meltzoff (1981) défendent l'idée que l'une des caractéristiques fondamentales du système perceptif et cognitif du nouveau-né, serait l'invariance de la forme à travers les diverses modalités sensorielles, ce qui va à l'encontre des théories de Jean Piaget. Théo Peeters (1996), porte-parole de la méthode TEACCH (*Treatment and Education of Autistic and Related Communication Handicaped Children*), ainsi que l'ensemble du courant cognitiviste, considèrent que les enfants autistes qui dissocient fortement leurs expériences sensorielles, ne possèdent pas ces compétences de mises en liens. Il s'agirait là, pour eux, d'un déficit et non d'un mode de défense spécifique.

Le bébé, sensible à la qualité acoustique du son, est capable aussi de grandes distinctions phonétiques. L'accent tonique, l'intonation sont perçus par lui, et des expériences mettent en évidence qu'il préfère sa langue « maternelle » aux autres langues. On a même pu montrer que la structure mélodique de la langue est rapidement mémorisée par les bébés qui babillent dans leur langue. L'enfant déficient auditif va donc être privé de toutes ces informations.

Toutes ces expériences confirment que la mémorisation, l'apprentissage sont très rapidement à l'œuvre, ce qui pose la question étiologique de l'autisme : dysfonctionnement initial des mécanismes cognitifs ou processus psychogénétiques ?

• La sensorialité visuelle

Le nouveau-né, en état de vigilance calme, est capable de poursuites visuelles. Il peut, de plus, discriminer diverses figures géométriques et fixer préférentiellement certaines d'entre elles. Dès la naissance, il semble exister une attirance marquée pour le visage humain, en particulier le visage maternel. L'échange visuel mère/bébé constitue une part substantielle des interactions non verbales.

Certains auteurs considèrent que le bébé est programmé pour soutenir d'emblée des échanges de regard avec l'adulte, selon une certaine rythmicité. S. Robson (1967) fait du contact œil à œil l'un des déterminants essentiels de l'attachement maternel. Les mères ont toutes constaté l'importance affective de ces échanges de regard. Les difficultés des mères d'enfants aveugles ou de bébés autistes qui évitent le regard, confirment l'importance de ce contact œil à œil dans la mise en place d'interrelations adéquates dans la dyade mère/bébé.

On assiste chez les enfants autistes à des accrochages sensoriels d'une grande acuité qui les mobilisent entièrement, mais, à l'inverse de ce qui est observé chez les bébés, cette focalisation sensorielle les coupe radicalement de toute relation.

Une autre expérience semble prouver que le nouveau-né perçoit un monde tridimensionnel : maintenu en position verticale, il interpose ses mains entre son visage et un objet qui s'approche trop de lui. Il est probable qu'en fonction de son état de vigilance et de bien-être, le bébé oscille entre une perception bidimentionnelle et tridimensionnelle.

2. Les compétences sociales précoces

Les compétences du bébé sont des instruments de la communication précoce de l'enfant et l'expression du besoin social qui l'anime.

• Le mimétisme

Dès la naissance, si certaines conditions sont remplies (éclairage, distance du modèle, durée et rythme de la présentation), des nourrissons sont capables d'imiter autrui, de reproduire la protrusion de la langue (Zazzo) et l'ouverture, la fermeture de la bouche d'un modèle humain face à eux (Meltzoff). Les stimulations d'interactions sociales sont les situations les plus propices à la survenue de comportements mimétiques chez le nourrisson dans le sens où elles créent une stimulation de la vigilance et de l'attention chez le bébé qui manifeste un grand plaisir à ces prémices d'imitations. C'est à cette forme d'apprentissage que les enfants autistes se limitent souvent (écholalie, échopraxie).

• Le cri, première communication vocale

Le bébé, pour communiquer ses besoins à sa mère, possède le cri. John Bowlby (1969) considère le cri comme l'un des cinq patterns innés du comportement d'attachement ayant pour fonction de permettre le rapprochement, de retrouver la proximité d'avec la mère. Au bout de quarante-huit heures, la mère sait reconnaître le cri de son enfant. L'analyse spectrographique déterminerait plusieurs cris (de faim, de colère, de douleur). Certains chercheurs contestent actuellement la différence qualitative stable qui existerait entre ces cris.

Il semble que ces messages sonores, infraverbaux, soient porteurs d'indices permettant à des adultes, écoutant des cris de bébés inconnus d'eux, d'inférer sur leur état interne. Les cris de bébés présentant de « hauts risques » pathologiques, mettent mal à l'aise, sont ressentis comme pénibles, maladifs, grinçants… On voit à quel point l'interaction mère/bébé peut, très rapidement, s'en trouver perturbée, quand, à la naissance, un bébé est porteur d'une anomalie, même non visualisable.

• La discrimination des expressions émotionnelles

De nombreux chercheurs ont mis en évidence que le bébé disposait, dès les premières semaines de sa vie, d'un répertoire d'expressions faciales variées et morphologiquement proches de celui de l'adulte. De plus, un bébé de 2 à 3 mois serait capable de discriminations entre les expressions joyeux/triste, joyeux/surpris.

À 7 mois, il différencie les expressions de joie, de peur, d'angoisse, reconnaît la similitude d'une même expression chez plusieurs sujets. Des invariants seraient donc très précocement discriminés. On peut en déduire que vis-à-vis des visages de ses proches, en particulier celui de sa mère, le bébé est rapidement capable de décoder la signification des émotions exprimées. L'expérience dite « de la falaise… », menée avec des bébés de 1 an, montre que les bébés séparés de leur mère par un dispositif en trompe l'œil, simulant une passerelle et un précipice, traversent si la mère manifeste une expression de joie, et refusent si elle exprime de la peur. En revanche, l'expérience, bien connue « du visage impassible » rend compte de la désorganisation progressive du bébé qui adopte des comportements proches de ceux d'enfants autistes, lorsque sa mère présente un visage sans affect, prototype du visage d'une mère déprimée.

Ces expériences confirment l'impact sur le bon développement de l'enfant d'une relation fiable. Une mère trop angoissée, trop déprimée, peu fiable, perturbe l'exploration confiante de la relation et du monde.

• La rythmicité dans les interrelations

Le nouveau-né de quelques heures synchronise ses mouvements avec l'articulation de la parole de l'adulte. Cette synchronie interactionnelle est caractéristique de la communication humaine. Elle ressemble à cette sorte de danse synchronisée à la structure du récit que l'on observe, lorsque deux personnes du même groupe culturel discutent. Ces réactions sont interprétées par la mère comme une réponse du bébé à ses paroles, ce qui inaugure tout un jeu d'échopraxies des mères qui imitent les synchronies réactionnelles de leurs bébés. Ces réactions jouent très certainement un rôle considérable dans l'établissement des premiers liens mère/bébé ; leur absence peut être à l'origine de réactions rejetantes de la mère vis-à-vis du bébé. C'est l'un des problèmes de la relation d'une mère à son bébé sourd ou à un bébé aveugle.

Dès la troisième semaine de la vie, le comportement du bébé avec sa mère est différent de celui observé en présence d'un objet inanimé :

– avec sa mère, son comportement est cyclique, ses mouvements sont doux, réguliers, son niveau d'attention croît et décroît alternativement, de l'engagement à la restauration de l'attention ;

– avec un objet, les périodes d'attention sont prolongées, la transition entre les phases d'approche et de retrait s'opère brutalement, les mouvements sont saccadés.

Selon B. Brazelton, ce qui caractérise l'interaction typique entre une mère et son bébé, c'est sa nature cyclique avec alternance de périodes durant lesquelles l'enfant fixe intensément le visage de sa mère et de périodes où il l'évite en fermant les yeux, en les détournant légèrement. Pour que l'interaction se déroule correctement, l'adulte doit respecter ces moments de retrait, sinon l'enfant submergé est amené à se détourner de plus en plus. Il semble qu'ainsi, chaque enfant contrôle la quantité de stimulations sociales qu'il peut assumer. Cette période de désengagement correspondrait à une forme de récupération, au cours de laquelle sont traitées les informations. D. Stern (1971, 1988) montre les aptitudes du nourrisson à prendre des initiatives dans des interactions sociales avec autrui, à les faire durer et à les conclure. B. Brazelton a observé que le nourrisson est capable d'anticiper une interaction sociale et que, lorsque ses attentes ne sont pas satisfaites, il utilise une diversité de techniques pour tenter d'impliquer sa mère.

Très tôt dans le développement, ce processus interactif devient si complexe que souvent des aspects pathologiques ultérieurs ne peuvent pas être attribués à la conduite de l'un ou l'autre des partenaires, ce qui rend absurde toute application simpliste du point de vue étiologique.

IV. LES CAPACITÉS D'ADAPTATION ET D'APPRENTISSAGE

Actuellement, les chercheurs mettent l'accent sur les activités cognitives des bébés, axe de recherche en étroite interdépendance avec celui des processus perceptifs.

Le nouveau-né de moins de 20 jours, s'il est soutenu de façon adéquate au niveau de la nuque, peut fixer un objet, étendre son bras et le saisir. Le *pointing* qui initie la nomination des objets par la mère, premier mouvement de type langagier, est déjà à l'œuvre ici.

De plus, les bébés opèrent un choix parmi les stimuli. Ils s'orientent, deviennent attentifs envers ceux qui sont attractifs et se détournent, s'endorment, deviennent insensibles vis-à-vis de ceux qui leur sont désagréables. Par un processus « d'habituation », ils sont capables de se protéger de stimuli modérément gênants. B. Brazelton (1989) y voit une marque de leur faculté d'adaptation au monde qui les entoure. Il s'agit là de la propre capacité du bébé à mettre en place, si l'environnement n'est pas trop excitant, sa propre barrière de pare-excitations. Certains enfants à haut risque sont vite débordés par les stimulations, et il convient alors d'évaluer soigneusement le niveau de stimulation approprié. On peut concevoir, selon les particularités des enfants, la plus ou moins grande difficulté pour une mère *good enough*, selon l'expression de D. W. Winnicott, de répondre adéquatement.

Dernier point, qui ne manque pas d'intérêt dans l'appréhension des troubles de l'apprentissage, il ressort de nombreuses observations que le bébé manifeste du plaisir à découvrir que son acte a produit l'effet attendu. Son sourire radieux traduit, selon Bower, un plaisir intellectuel, le plaisir d'avoir découvert quelque chose de la structure causale de l'univers, et le plaisir d'en contrôler une partie. Il semble que le bébé cherche jusqu'à ce qu'il découvre lequel de ses comportements provoque l'événement. Alors un vigoureux sourire et des vocalisations semblent traduire un plaisir intérieur. On perçoit ici aussi le rôle central des affects dans l'expérience relationnelle d'apprentissage. Si le bébé s'oriente en fonction de ce qui lui apporte plaisir ou pas, il est à noter que le plaisir, moins immédiat qu'on le supposerait, signale un bébé déjà capable d'une certaine attente pour obtenir le résultat escompté. L'intérêt qu'il manifeste à ces recherches proposées souligne la grande propension du bébé à la curiosité exploratrice (Melanie Klein parle de pulsion épistémophilique, indépendante des pulsions de vie et de mort).

Tous ces travaux sur les bébés ont été le fruit d'observations, soit expérimentales, soit psychanalytiques (méthode E. Bick). Les interactions se centrent, dans un premier temps sur les comportements qui se répondent, se succèdent selon des rythmes particuliers dans chaque dyade. De la cohérence, de la qualité plus ou moins grande des échanges, des affects exprimés, d'autres niveaux d'interactions sont étudiés : les interactions dites affectives et les interactions dites fantasmatiques. Bien que le terme d'interaction soit à présent usuellement utilisé pour rendre compte de ces dernières acceptions, j'ai opté, dans cet ouvrage, pour parler plutôt d'interrelation dans ces cas, afin de mettre l'accent sur l'échange psychique entre deux sujets. Nous verrons que même si le bébé et l'enfant sont des sujets en devenir, ils prennent une part active à leur propre développement.

Chapitre 2

Le bébé

I. L'ORALITÉ, ESPACE PSYCHIQUE D'EXPÉRIMENTATION DU SOI ET DU NON-SOI

1. Les interrelations dans l'espace de l'oralité

La notion d'interrelation est une notion clé pour comprendre le développement et la psychopathologie du bébé. Actuellement, les recherches sur les compétences du nourrisson, rendent incontournable l'idée de deux « sujets » qui interagissent l'un sur l'autre.

Selon Anne Bouchard-Godard (1979), du point de vue des mères, le fœtus, le bébé, est à la fois partie d'elles-mêmes, de leur propre corps, et étranger – comme le signalent les incompatibilités de rhésus entre une mère et son bébé, les réactions allergiques de certains bébés au lait maternel. Du point de vue de l'enfant aussi, la mère est à la fois une partie de son propre corps et un objet étranger vers qui convergent les projections.

Le bébé réel, encore *in utero* ou nouveau-né, s'il peut par moment figurer le double narcissique de la mère, vit sa vie et ses besoins propres de façon autonome, à l'intérieur de cette appartenance. Dès la coupure du cordon ombilical, il faut procurer au bébé réel des soins appropriés. Le bébé, être sexué, s'impose par son altérité : il n'est pas l'exacte reproduction de ses parents ou de ses ancêtres. Par le biais des soins qu'elle lui prodigue, la mère introduit déjà l'enfant dans une continuité familiale : elle lui offre ce qu'elle a reçu et appris à faire elle-même pour elle-même, en intériorisant ses imagos parentales. Les soins ainsi donnés à l'enfant constituent une occasion privilégiée de relier grands-parents et petits-enfants. Même si la dissymétrie est incontestable (Winnicott, 1953), les recherches actuelles montrent, cependant, la propension du nourrisson à participer activement à son développement. Bien sûr, ses moyens sont limités, et sa survie est étroitement associée à la qualité des soins prodigués, à l'investissement de l'enfant, à la continuité de pensée qu'ils exigent. Cependant, l'idée que la mère s'adapte à son nourrisson, alors que lui ne s'adapterait qu'en fonction de ses fins, sans considération pour les besoins de sa mère, est remise en question. Le développement, comme la pathologie, est toujours interrelationnel et implique deux sujets, même si le bébé est encore un sujet en devenir. Très tôt dans le développement, ce processus interrelationnel devient si complexe que souvent des aspects pathologiques ultérieurs ne peuvent pas être attribués à la conduite de l'un ou l'autre des partenaires.

Au début de la vie, les soins maternels constituent le pare-excitations principal du nourrisson. La mère suffisamment bonne (Winnicott) possède la double fonction d'être à la fois apaisante, calmante et excitante, dans le sens où elle possède aussi une fonction d'éveil.

Mais, ce qui est plus nouveau et modifie nos perspectives de pensée et de prise en charge, c'est cette capacité du bébé à utiliser son propre éventail spécifique de facteurs constitutionnels. On a déjà vu que le nourrisson s'engage activement dans l'interrelation humaine, maintient et met fin aux interactions et, par-là même, se régule lui-même, contrôle ses expériences selon leur portée agréable ou désagréable, s'adapte à son environnement. Plus encore, le bébé ne fonctionne pas que sur le plaisir. Il tente déjà de s'adapter à son environnement, même quand celui-ci est pathologique. Sa façon d'entrer en interaction a un effet considérable sur sa mère. Il la sécurise, la satisfait, lorsqu'il se montre apaisé, comblé, souriant. Il la frustre, la blesse narcissiquement, lorsqu'elle ne parvient pas à l'apaiser. Plus encore, on a observé des bébés de mères déprimées ou psychotiques s'adapter activement aux capacités émotionnelles de leur mère, en particulier en ne les sollicitant pas excessivement. Cela peut avoir pour conséquence une hypermaturité du bébé. Un nouveau concept, celui de résilience, englobe et dépasse ce qui a été abordé historiquement sous les termes de tempérament, de terrain, d'équipement, de constitution, de vulnérabilité. Il rend compte du maintien d'un processus normal du développement malgré des conditions difficiles.

Ce concept de résilience, créée par Michael Rutter, Norman Garmesy et Emily Werner, me paraît étroitement lié aux recherches sur les compétences des nourrissons. Dans une interview, M. Rutter (1998) différencie ce concept de celui de résistance : le concept de résilience est beaucoup plus large que celui de résistance, où le sujet est censé mettre de côté ses difficultés plutôt que d'y faire face, et il n'a pas de connotation positive ou négative. À la différence du concept de stress, lié à des situations brèves et intenses, la résilience rend compte de réponses à des situations à la fois cruelles et de longues durées. La résilience ne serait pas un état inné, mais un processus dynamique pouvant s'acquérir. Des expériences positives peuvent provoquer des changements importants qui favorisent la résilience. Ainsi, par exemple, dans des familles sévèrement dysfonctionnelles, l'un des moyens pour chercher activement à sortir de cet environnement chez certains enfants, c'est de se créer des liens solides extrafamiliaux et d'obtenir ainsi hors de leur famille, ce qu'ils ne peuvent obtenir à l'intérieur. D'autres exemples montrent que, parfois, un animal vivant au sein de la famille a pu jouer ce rôle compensateur. Dans cette optique, comme le déclare Michel Lemay (1998), un phénomène qui pourrait à première vue être considéré comme pathogène, qui peut d'ailleurs le devenir s'il s'accentue et se fixe (trop grande ou trop faible sensibilité à des modalités sensorielles, retard ou avance dans des processus modulateurs des émotions), peut être considéré à la fois comme des fragilités et comme des ressources, des modes de protection, des mécanismes d'ajustement.

L'interrelation mère/bébé procure un cadre d'apprentissage qui permet au fonctionnement psychologique du nourrisson de passer progressivement à des niveaux d'organisation et de structuration de plus en plus élevés. Les moments de conflits, observables dans les interactions avec la mère, jouent un rôle important dans la formation de la structuration psychique, lorsque cette relation est établie sur des bases de sécurité qui permettent d'affronter et de dépasser ces conflits. Les pleurs, les grognements du bébé vont avoir une influence sur l'environnement, faire revenir le sein, soulager la tension interne. L'expérience de ses pleurs aide le nourrisson à distinguer entre ses différentes sensations d'inconfort. Quand la sensation d'inconfort devient moins diffuse, plus localisée, le sentiment de soi commence à se développer. L'observation des nourrissons dont les mères retardent la satisfaction de la faim et de la soif, montre que la tension interne trop forte, la frustration massive entraînent une désorganisation. Le besoin est si fort que, paradoxalement, il ne tend plus vers son objet : le sein peut être repoussé.

Dans ces relations, l'accomplissement extérieur et la satisfaction intérieure résultent d'une action combinée. On peut comprendre les symptômes comme les résultats de compromis entre les demandes du nourrisson et celles exprimées par les soins maternels, le reflet d'une double recherche d'adéquation. Si la rencontre est réussie, si les partenaires ont trouvé un ajustement satisfaisant pour les deux, l'interaction est harmonieuse, l'interrelation satisfaisante. À l'inverse, si la rencontre échoue, mère et bébé sont en souffrance. Les risques sont dépendants de trois catégories de facteurs liés à la fois au bébé, aux parents et à l'environnement. Les affects jouent un rôle central dans cette régulation, le contrôle des affects contribue d'une manière significative à l'autorégulation.

2. Les constructions psychiques dans l'interrelation orale

• Peau psychique et moi-peau

Les concepts de peau psychique (Bick, 1968) et de moi peau (Anzieu, 1974) rendent compte de modes d'identification extrêmement primitifs. Ils sont essentiels pour saisir les processus à l'œuvre chez les bébés, les très jeunes enfants et les enfants psychotiques et autistes. Certains bébés manifestent des « prédispositions » à l'autisme, pour des raisons complexes et inexpliquées.

Afin de mieux saisir ces processus à l'œuvre, il est important d'avoir des repères de ce qui relie ou sépare l'état mental des enfants autistes et psychotiques, de celui des enfants dont le développement ne pose pas problème.

Les observations psychanalytiques, selon la méthode d'E. Bick (1968, 1986), révèlent que les parties les plus primitives de la personnalité ne disposent pas d'une force de liaison interne et qu'ils tombent en morceaux, si un objet externe capable de remplir cette fonction n'a pas été introjecté. Cette idée paraît proche de celle énoncée par Pierre Marty (concernant la mosaïque primitive de P. Marty, *cf.* « II. Les pathologies développées dans l'espace des interrelations orales »).

Selon E. Bick, l'objet contenant introjecté attracteur permet de délimiter un dehors et un dedans et donne naissance à la peau psychique. L'objet optimal, pour remplir cette fonction, est le-mamelon-dans-la-bouche joint à son odeur familière, à la façon dont la mère tient son bébé, lui parle. En d'autres termes, on pourrait dire qu'il s'agit là d'un premier « apprentissage par expérience » (Bion), d'une première protoreprésentation (Pinol-Douriez, 1994) (*cf.* chap. 3).

Dans le mode de fonctionnement constitutif de la mise en place d'une peau psychique, la relation à l'objet utilise la perception des qualités de surface dans une recherche de non-séparation physique. Il s'agit d'une relation narcissique dite « identité ou identification adhésive ». Elle serait fugitivement dominante dans les premiers temps du développement normal. Dans cette relation, les qualités sensorielles des objets revêtent une importance extrême. L'accrochage aux sensations favorise la lutte contre les angoisses de séparation, de chute dans le vide, de discontinuité, angoisses prégnantes à ce stade et qui prédominent sur les mécanismes persécutifs décrits par M. Klein (1952). Donald Meltzer (1975) a montré que cette forme de relation en identification adhésive domine chez les enfants atteints de troubles psychiques graves du type autisme infantile.

Une bonne relation orale à la mère, dans son acception large, est une expérience qui transformerait le fonctionnement psychique, atténuerait ses angoisses et favoriserait l'intériorisation de la « peau psychique ».

Didier Anzieu (1974) considère que le moi-peau s'étaye sur les diverses fonctions de la peau : fonction de contenance, de limite, d'inscription de traces, de communication. La mère, en interprétant correctement et en assurant les besoins de son bébé, construit une enveloppe de bien-être, support de l'illusion sécurisante d'un double narcissisme caractérisé par l'omnipotence et l'omniscience. D. Anzieu propose d'attribuer au moi-peau deux enveloppes :

> La couche la plus externe, la plus périphérique, la plus solide, la plus rigide est tournée vers le monde extérieur. Elle fait écran aux stimulations, principalement physico-chimiques, en provenance de ce monde. C'est le pare-excitations. La couche interne, plus mince, plus souple, plus sensible, a une fonction réceptrice. Elle perçoit des indices, des signaux, des signes et elle permet l'inscription de leurs traces… Le fonctionnement du pare-excitations est à penser en termes de force ; celui de la pellicule en termes de sens.
>
> D. Anzieu, *L'Épiderme psychique et la peau psychique*,
> Paris, Asygée, 1990, p. 32.

Si le feuillet externe (du côté mère) est trop collé, le moi du bébé ne peut se développer librement, si le feuillet interne est trop lâche (côté corps propre), le moi manque de consistance. Au cours des interactions mère/bébé, se constitue peu à peu une interface figurée par le fantasme d'une peau commune à la mère et à l'enfant : d'un côté la mère, de l'autre l'enfant. L'effacement progressif de la peau commune signifiera le dégagement de la part de l'enfant de la position symbiotique antérieure. L'expérience de séparation, à cette phase symbiotique, provoque des fantasmes de peau arrachée, volée, meurtrie et meurtrière qui peuvent réapparaître dans les moments difficiles de séparation. S'ils sont surmontés, le moi-peau est acquis en propre par l'enfant selon un processus de double intériorisation : l'interface devient une enveloppe psychique contenant des processus psychiques, l'entourage maternant le monde intérieur des pensées, des images, des affects. Cette élaboration s'est révélée très fructueuse au niveau du travail groupal avec des enfants autistes et psychotiques.

Geneviève Haag (1992) ajoute à cela qu'il faut accorder une place particulière aux échanges de regards entre la mère et son bébé : le holding associé à la double interpénétration (mamelon/bouche et œil/œil) constituerait l'expérience fondatrice de la peau psychique et de son axe.

Ce ne serait qu'après que la peau psychique ait été ainsi internalisée, que des modes de relations qui correspondent au modèle de M. Klein avec projection, introjection, gestion de l'angoisse suscitée par la pulsion de mort et par la séparation, pourraient se mettre en place.

Ainsi, une bonne relation orale à la mère, dans son acception large, est une expérience qui mettrait en place la peau psychique et donc transformerait le fonctionnement psychique du bébé.

Si ce concept de peau psychique s'est révélé extrêmement fructueux dans le travail clinique avec les enfants autistes et psychotiques, il paraît, cependant, peu probable, comme on l'a vu, que le bébé soit longtemps totalement dans l'adhésivité. Il est vraisemblable qu'en fonction des moments de bien-être ou de mal-être, on assiste à des alternances de moments de collage adhésifs et de mouvements projectifs de plus en plus présents, au fur et à mesure que le moi de l'enfant se construit, devient fiable. L'identification projective devient alors, selon l'hypothèse de Wilfred R. Bion, une forme précoce de ce qui sera dénommée plus tard, la capacité à penser.

• Soi, moi et relations d'objet

La notion de soi

Le sentiment de soi est un fait clinique qui ne demande pas à être expliqué, alors que le soi est une conceptualisation qui nous aide à clarifier des phénomènes cliniques. A. Spiegel (1959) considère que la perception ordonnée des états internes demande un cadre de référence qui ait une continuité dans le temps. À toute forme de sens de soi, un cadre est nécessaire, précédant nécessairement toute autre forme de développement mental. Spiegel considère le soi comme ce cadre de référence. Ce cadre nécessaire à l'organisation me paraît très proche de la notion de peau psychique, première étape à une autre forme d'internalisation mémorisable des expériences, préalable à la différence soi/non-soi.

Historiquement, comme le signalent Monique Pinol-Douriez et Maurice Despinoy (1999), le terme de soi est en partie inclus dans le *Ich* employé par Freud, terme qui désigne à la fois la personne dans sa totalité et la partie organisatrice du psychisme (le futur moi de la seconde topique). Après la seconde topique, afin d'éviter les confusions, les Anglo-Saxons choisissent le terme de *self* qui désigne l'ensemble des instances (Klein, Hartmann). Heinz Kohut en fera une structure organisatrice du psychisme, tandis qu'il représentera pour Édith Jacobson et Donald Winnicott, une source de la réalité subjective interne.

Toutes ces perspectives du soi continuent à être utilisées, en particulier celle très clinique de D. W. Winnicott sur l'opposition « vrai self » et « faux self » (en conformité à des attentes externes). Dans le travail avec les bébés, la peau psychique peut être considérée comme une première organisation du soi (Bick, Anzieu), et, pour rendre compte du sentiment de continuité d'être du nourrisson, D. Stern emploie la notion de précurseurs de soi. C'est dans cette perspective, me semble-t-il, que déjà Bruno Bettelheim (1967) confirme la richesse et la multiplicité des expérimentations liées à l'oralité.

L'expérience orale enseigne que tout ce qui est important, tout ce qui est désirable, n'est pas toujours soi et que l'on ne peut pas se procurer une expérience de tétée exactement quand et comme on le désire. Bien que ce soit le bébé qui ingère, il ne peut se procurer lui-même, quelle que soit son activité, ce qu'il ingère. Le sein ou le biberon, pas toujours disponibles, ne faisant pas partie du soi, inaugurent une première délimitation du soi.

L'hallucination de la satisfaction (Freud, 1900), en l'absence de l'objet, ne peut se substituer indéfiniment à la perception du manque. Il n'est pas nécessaire d'attendre l'apprentissage du contrôle anal pour que s'expérimente la séparation du soi et du non-soi. Chez les enfants autistes, B. Bettelheim note que cette séparation est assurée au cours du traitement, non pas autour de l'élimination mais de l'ingestion.

Cette notion de soi est aussi évoquée en terme d'identité primaire, d'identité narcissique, comme le propose Heinz Lichtenstein (1976), afin de désigner cette capacité, chez le nourrisson, de réponse sensorielle à l'attachement libidinal de la mère. Cette fonction est proche de celle du miroir ; toutefois, elle est comprise non pas en terme de perception visuelle mais d'une réflexion au travers du toucher, de l'odorat et d'autres sensations primitives. D.W. Winnicott décrit la phase où le visage de la mère fournit le premier miroir à l'enfant. D. Anzieu parle, déjà avant cette phase, d'un miroir sonore ou d'une peau auditivo-phonique.

> Ce qui émerge confusément dans ce miroir, au début au moins, n'est pas un objet d'amour primaire, mais les contours de la propre image de l'enfant en tant qu'elle est réfléchie par les besoins inconscients de la mère concernant l'enfant. [...] C'est, si on suit cette théorie, le besoin inconscient spécifique de la mère qui, à partir de cette infinité de potentialités, actualise chez l'enfant une manière d'être donnée, à savoir d'être l'enfant de cette mère particulière, répondant à ses besoins uniques et individuels. J'ai suggéré que de cette expérience première, archaïque de « réflexion », émerge une identité primaire que l'on peut appeler narcissique. Cette identité primaire n'est pas encore un sens de l'identité, qui supposerait, lui, la conscience. C'est plutôt un principe d'organisation primaire sans lequel le processus de différenciation ne pourrait pas commencer.
>
> H. Lichtenstein, « Narcissisme et identité primaire », dans *Nouvelle Revue de psychanalyse*, 1990, n° 13, p. 154.

L'identité primaire aurait toujours à la base une expérience de miroir, l'objet étant utilisé comme capable de réfléchir les contours de son identité primaire. Ce processus pouvait faire partie de la première sous-phase du processus de séparation/individuation décrite par Margareth Mahler (différenciation et développement du schéma corporel).

Les enjeux pour la psychopathologie des controverses « soi/moi »/relations d'objet

L'étayage corporel de ce mode oral de relation nécessite des liens émotionnels, relationnels et inclut :

– l'incorporation des sensorialités et gestualités aussi bien tactiles, olfactives, visuelles, sonores, que buccales ;

– l'excorporation (projection, au niveau psychique) assurée par les rejets buccaux et urinaires et anaux, encore non maîtrisés.

L'expérience primordiale d'une bonne atmosphère de chaleur et d'échange entre le bébé et sa mère lui permet d'acquérir la première modalité sociale : l'acceptation de ce qui est donné, la capacité à recevoir, à concevoir un autre amical. L'activité mieux dirigée et le rôle plus actif des dents, des yeux, etc., joueront un rôle dans l'acquisition de la modalité sociale de prendre et de retenir les choses. Diverses pathologies du bébé, que nous étudierons (anorexie, bruxisme, vomissements, etc.), montrent à quel point rétention, excorporation et projection sont présentes et intimement liées.

En 1905, l'hypothèse centrale de Freud est que la fonction corporelle fournit à la sexualité sa source ou zone érogène ; elle lui indique d'emblée un objet, le sein ; elle procure enfin un désir non réductible à l'assouvissement pur et simple de la faim, avec une prime de plaisir. Il s'agit là de la thèse de l'étayage des pulsions libidinales sur une fonction physiologique essentielle à la vie. La sexualité infantile se développerait sur ce modèle : au début, la satisfaction de la zone érogène est étroitement associée à la satisfaction du besoin. La fonction corporelle fournirait donc à la sexualité une zone érogène (bouche et transit intestinal) et un objet : le sein. Ainsi, au tout début de la phase orale, l'investissement d'objet et l'identification ne seraient pas à distinguer l'un de l'autre. Cet état anobjectal et indifférencié correspondrait aux processus de l'identification primaire, sur un mode incorporatif.

Dès 1969, J. Bowlby remet en question la théorie de l'étayage sur la satisfaction orale, c'est-à-dire orificielle, en affirmant que l'attachement, le contact et l'agrippement peau à peau constituent un besoin primaire qui s'inscrit aussi dans le registre de l'auto-conservation. Si être nourri est nécessaire à la survie, il paraît incontestable que la façon dont on s'occupe de l'enfant est tout aussi indispensable à sa survie physique et psychique. Afin que se développent des relations d'objet, il faut, comme on l'a vu, expérimenter activement le nourrissage dans l'appel et la recherche du sein, et au travers des expériences de déglutition, de toutes les sensations liées à l'incorporation du liquide tiède évoluant dans l'appareil digestif, du contact de la mère qui porte l'enfant de façon tonique et chaleureuse.

Freud doit à Karl Abraham l'introduction, au stade oral, de l'opposition activité/passivité que lui n'avait dévolue qu'au stade anal. Erik Erikson (1959) développera cette idée et montrera à quel point, au travers de l'oralité, le bébé expérimente des modes de relation au monde organisateurs d'interrelations multiples et variées optant plutôt pour l'incorporation, la rétention ou l'élimination. La bouche est déjà un orifice de contrôle entre l'intérieur et l'extérieur : on peut observer des bébés qui serrent les lèvres, les gencives, les mâchoires, qui crachent. Le nourrisson, avec ses caractéristiques, compose avec celles de sa mère, ce qui lui fait choisir, à l'intérieur du stade oral, un mode d'être dominant. Ainsi, un enfant, présentant un spasme pylorique, rejetant de la nourriture, fonctionne de telle sorte que le mode oral-éliminatif, prend place à côté du mode incorporatif supposé dominant. Les enfants, qui refusent la nourriture par fermeture de la bouche, présenteraient un développement important du mode rétentif et une fermeture orale qui manifeste une méfiance généralisée envers tout ce qui entre. S'il y a fixation à un mode, cette sorte de fixation sera, plus tard, transférée à d'autres zones érogènes.

Il n'est donc pas nécessaire d'attendre le stade anal pour que se mette en place l'opposition activité/passivité anticipant et introduisant l'opposition phallique/castré, masculinité/féminité.

Pour M. Klein, les relations primitives à l'objet existent dès la naissance. Il s'agit d'abord de la mère investie comme objet partiel. Jean-Michel Petot (1982) fait remarquer que la mère, perçue entière, est « oralement » investie par le nourrisson, elle satisfait le but d'une pulsion partielle, et c'est en ce sens qu'elle est objet partiel.

L'envie serait active dès la naissance et affecterait les toutes premières expériences du bébé. Tous les processus sont extrêmement précoces pour elle, et la notion de stade est totalement remise en question : l'aspect chronologique disparaît, les stades se chevauchent. M. Klein subdivise le développement psychosexuel en deux positions, constellations psychiques cohérentes tenant compte à la fois de modalités de relations d'objet, d'angoisses et des modes de défenses spécifiques :

– la première, la position paranoïde/schizoïde, se situe aux premières phases du développement et se caractérise par la relation à des objets partiels, la prédominance de l'angoisse paranoïde, des défenses par clivage et projection ;

– dans la seconde, la position dépressive, l'objet est perçu comme total, l'ambivalence apparaît ainsi que la culpabilité, la crainte d'abîmer l'objet, le désir de le réparer.

Les pulsions génitales déjà là, colorées par la libido orale, ont un caractère réceptif. Le complexe d'Œdipe est vécu en termes prégénitaux par le bébé dès le début de la position dépressive et peut être associé à des angoisses de castration, projection par le bébé de son agressivité... Pour M. Klein, ces ensembles d'anxiétés et de défenses, bien qu'ils apparaissent d'abord pendant les stades les plus précoces, ne se limitent pas à cette période. Il s'agit là d'un processus dynamique, à l'œuvre tout au long de la vie d'un individu, avec une dominance de l'une ou de l'autre, la position dépressive n'étant jamais définitivement atteinte. On voit encore plus ici, à quel point l'oralité introduit déjà à l'ensemble des potentialités et des difficultés développementales.

La bouche référée à l'oralité, ainsi définie de façon large, est un espace essentiel dans les interrelations entre le bébé et sa mère. Elle se charge de traces sensorielles qui vont favoriser ou entraver les expériences orales de productions sonores, chargées ou non en plaisirs libidinalisés. Les multiples incorporations et projections actives du bébé dans la relation intime à sa mère faciliteront la souplesse des expérimentations sonores du bébé ou tendront à les geler, à leur enlever leur souplesse adaptative.

3. Appareil psychique : « appareil à penser les pensées »

De façon concomitante, en fonction de la capacité de contenance qui apparaît avec la peau psychique, se développe la pensée. Piera Aulagnier (1975) parle du pictogramme comme d'une psychisation originelle, issue de la rencontre zone corporelle sensible/objet-zone complémentaire. Dans les protoreprésentations (Pinol-Douriez, 1984), on retrouve cette notion de coalescence entre le corps du bébé et le corps de la mère environnement : les premières formes de représentations, sont constituées d'« affects-percepts » qui se construisent dans les interrelations.

Les premières protoreprésentations, associant étroitement sensations, affects et percepts favorisent le développement de la peau psychique. Il me paraît s'agir là du prototype de ce que W.R. Bion a appelé l'apprentissage par expérience. Ce processus implique la participation à une expérience émotionnelle et se traduit par une modification de la personnalité. Le déclenchement d'un véritable processus de symbolisation est ici à l'œuvre.

Selon W.R. Bion, une mère suffisamment bonne parvient à aider son enfant, en proie à des vécus bruts, à des impressions des sens non décryptables, à des angoisses massives dont il ne peut rien faire. Pour cela, elle lui « prête » son appareil psychique pour transformer « l'angoisse en sens » à l'aide de cette fonction nommée « conteneur » par René Kaës (1979). Dans les cas favorables de bébés pas trop intolérants à la frustration et de mamans capables de rêverie, les bébés projettent sur leur mère des éléments bêta-indigestes, incompréhensibles (impressions des sens, vécus bruts inassimilables, etc.). Celle-ci va les accueillir en elle, les digérer et les lui retransmettre plus intégrables, grâce à ce que Bion appelle la fonction alpha de la mère, sa capacité de rêverie. Grâce à cette fonction alpha de la mère et à la capacité du bébé à supporter la frustration, le « non-sein » au-dedans peut devenir une pensée. Bion avance l'hypothèse que la fonction alpha de la mère transforme tout ce qui déborde les capacités d'assimilation du bébé, les rendant ainsi disponibles à la pensée. De cette façon, elle contribue à l'apparition d'un appareil à penser chez le nourrisson.

Si l'introjection de la fonction contenante est défaillante du fait soit de l'inadéquation de l'objet externe, soit de l'incapacité du moi naissant à utiliser, pour des raisons diverses, les qualités psychiques environnementales, un phénomène de seconde peau peut apparaître. Seconde peau sensorielle, comme chez les bébés en difficultés ou les enfants autistes, seconde peau musculaire dans les cas d'hypertonicité, d'hyperinvestissement postural et moteur. Il peut s'agir aussi d'une seconde peau psychique, mode mental de contention avec agrippement à des pseudo-pensées ou à l'excitation psychique. Ces secondes peaux remplacent la dépendance envers l'objet par une pseudo-indépendance à l'aide de modalités identificatoires primitives, identité adhésive, identification projective.

On voit que le modèle élaboré par Bion (1962), afin de rendre compte de la genèse des processus de penser, correspond à une relation du type « contenant/contenu », et donne, comme métaphore de cette relation, le lien entre la bouche et le mamelon. C'est au travers du sein, en passant nécessairement par une bonne incorporation orale, qu'est internalisé le psychisme maternel, premier objet de relation identificatoire.

On voit à quel point l'intériorisation et la qualité de l'intériorisation de la peau psychique sont indissociables de la capacité à mémoriser et à penser.

II. LES PATHOLOGIES DÉVELOPPÉES DANS L'ESPACE DES INTERRELATIONS ORALES

Le système interactif mère/bébé/environnement a déjà été abordé au début de ce chapitre. Les travaux sur la résilience confirment qu'il n'y a pas de destin automatique, transmissible, pas de danger absolu. Les particularités de l'enfant, sa capacité à réagir de façon adaptée pour faire face à une situation, trouver des modes de réponses à des situations pénibles, voire cruelles, de longues durées, rentreront en ligne de compte.

Cependant, on peut constater que l'accumulation de plusieurs facteurs à risque dépasse la capacité de résilience de la grande majorité des individus. La possibilité pour l'enfant de gérer petit à petit les excitations, les sollicitations environnantes de façon souple, d'intérioriser son propre pare-excitations, dépendra des interrelations mère/bébé/environnement et, en grande partie, de la capacité de la mère à contenir, à penser les excitations effractives et désorganisantes, à faire fonction pour lui de pare-excitations, d'objet contenant.

Dans l'optique du courant de psychosomatique initié par P. Marty, on peut dire que les qualités défensives vis-à-vis de la désorganisation psychosomatique sont étroitement dépendantes de l'économie du fonctionnement psychique. P. Marty (1976, pp. 118-119) parle de « mosaïque première » (chez le nourrisson : si les organisations homéostasiques premières assurent l'équilibre général de la vie du nouveau-né, ces fonctions s'exercent d'une manière relativement indépendante les unes des autres). Une grande partie des pouvoirs d'association et de hiérarchisation fonctionnelles du nourrisson est donc nécessairement médiatisée par la « fonction maternelle ». Progressivement, le bébé intériorise les pouvoirs d'organisation de façon de plus en plus large. La mère fait fonction de pare-excitations pour son bébé. L'économie de l'interaction mère/enfant étaye et gère l'économie mentale et somatique du bébé.

1. Côté maternel

Côté mère/environnement, Léon Kreisler (1987) donne deux orientations dans les influences étiologiques :

– la première contient une dynamique conflictuelle par excès ou par distorsion ;

– la seconde, à l'inverse, tient au défaut de stimulation.

• L'anxiété et l'inadéquation parentale

Des troubles fonctionnels (souffrances sans lésion) signalent souvent la faillite du pare-excitations de l'enfant et/ou le défaut de pare-excitations de la mère/environnement. Les troubles les plus fréquemment constatés sont la colique du premier trimestre, le syndrome des cris paroxystiques, certaines insomnies et anorexies.

Les soins peuvent être dépourvus de leur caractère d'adéquation à la demande « biologique » du bébé, l'objectif principal étant « la réalisation du désir maternel ». Lorsque cette inadéquation est majeure, l'enfant court un danger, des dysharmonies relationnelles précoces s'installent.

Des formes moins graves, névrotiques, peuvent provoquer des troubles de l'interaction :

– les mères sont prises dans des comportements qui gênent ou amplifient une fonction spécifique du développement ; il peut s'agir d'une sur-stimulation d'une zone érogène ou fonctionnelle ; ainsi, des mères trop inquiètes peuvent nourrir excessivement leur bébé, prendre en permanence leur température, utiliser des suppositoires dès qu'une selle se fait attendre, etc. ;

– on trouve aussi des incohérences dues à l'ambivalence excessive de l'investissement de l'enfant et à la forte charge agressive de cet investissement : certaines mères, aux prises avec une angoisse de mort, peuvent réveiller leur enfant, ou craindre de lui faire mal, ce qui peut aller jusqu'à la phobie d'impulsion ; elles prennent donc leur enfant au minimum, les nourrissent au berceau, évitent de les changer, de les baigner ;

– d'autres mères peuvent, inconsciemment, ne pas assumer l'autonomisation de leur enfant et mettre des entraves au processus de séparation/individuation.

- **La blessure narcissique et l'intolérance au mal-être du bébé**

À la naissance et au cours des premiers mois, toute anomalie, toute infirmité, annoncée ou perçue, inflige une blessure narcissique profonde aux parents. Lorsque le processus vital est en jeu, les parents sont plongés dans une ambivalence extrême, ne sachant plus s'ils souhaitent la survie ou la mort de cet enfant, surtout lorsque dès les premiers jours, des interventions médicales sont indispensables.

Le bébé devient un peu un étranger qui leur échappe et se retrouve entre des mains d'experts. Les pédiatres américains M. Klaus et J. Kennel ont montré qu'il existerait une période sensible, qui suit de très près la naissance, pendant laquelle l'attachement se construit. Des interactions proches de celles décrites pour les enfants prématurés sont observées dans des dyades dont l'enfant est né avec une atteinte somatique, un handicap.

Les prématurés qui sont en couveuse se trouvent dans une situation de désaffection considérable. La mère, elle aussi, vit une situation de déprivation infantile, comme toutes les mères à qui on enlève le bébé dès la naissance. Le discours maternel signale à la fois une blessure narcissique, une grande culpabilité, ainsi que de l'agressivité, de l'angoisse qui mobiliseront, lorsque le bébé leur sera rendu, des comportements d'hyperprotection. Un syndrome réactionnel, composé d'un deuil précoce, d'une atteinte sérieuse à l'estime de soi, d'une série de thèmes où la culpabilité prime, est observé chez la mère, lors de la naissance d'un enfant prématuré ou souffrant d'une atteinte somatique. Associées à cela, les particularités des interactions mises en place par ces bébés en souffrance – du fait de carences relationnelles, de l'excès de stimulations mécaniques, de la spécificité pathologiques et des souffrances physiques qu'ils endurent – provoquent fréquemment des dysfonctionnements de la dyade.

Des activités préventives peuvent être proposées, telles que :

– des psychothérapies mère/bébé (Cramer et Palacio-Esposa, 1993). L'une des particularités de la psychopathologie du bébé et du jeune enfant, c'est son interdépendance au fonctionnement psychique de la mère. Même si les troubles sont essentiellement issus du bébé, ils provoquent des réactions pathologiques chez la mère, ce qui renforce encore les manifestations pathologiques du bébé. Soutenir la mère dans sa capacité à penser son bébé, surtout si celui-ci présente des particularités, des déviances, aide à rétablir des interactions de meilleures qualités entre eux ;

– un soutien plus pédagogique à la mère à qui l'on demande d'être moins active, d'imiter le comportement de son enfant, peut aussi être efficient et favoriser une plus grande capacité d'attention aux signaux de l'enfant qui devient plus actif, plus présent, évite moins le regard.

• Le maternage opératoire

Les soins maternels, de type opératoire, sont composés d'actes adéquats sans mobilisation affective. La mère s'occupe de façon correcte, efficace, de son enfant, comme une bonne puéricultrice. Elle sait rendre compte de son poids, du niveau de son développement… mais elle ne l'investit pas libidinalement. Il s'agit de la mère « intellectuelle » décrite par D.W. Winnicott, la mère « infirmière » de L. Kreisler. Il peut s'agir de femmes fonctionnant majoritairement sur un mode opératoire (Marty, De M'Uzan et David, 1963), mais aussi d'une modalité de fonctionnement temporaire de certaines femmes luttant contre des désorganisations. Ce fonctionnement psychique peut, en effet, être un mode de défense à la régression liée à l'accouchement, à la grossesse.

On sait que les mères, dans les premiers temps de la vie de leur bébé, sont dans un état d'hypersensibilité dont le caractère archaïque nécessite qu'une femme soit en bonne santé psychique pour l'atteindre et s'en guérir, quand le développement de l'enfant le permet (Winnicott). Certaines femmes, trop fragiles, se réfugient dans un mode de pensée opératoire, dont la pauvreté fantasmatique leur permet une adaptation apparente.

D'autres femmes sont, elles aussi, dans l'incapacité d'assumer une régression, en réaction à un événement qu'elles ne parviennent pas à mentaliser : annonce d'une anomalie du bébé durant la grossesse, perte d'un parent, traumatisme... Dans ces cas, la relation mère/enfant variera dans le temps, mais laissera d'autant plus de traces qu'elle aura duré longtemps et que l'enfant n'aura pu trouver, dans son environnement, d'autres personnages maternants prenant le relais de la mère, temporairement défaillante. Cette pathologie du vide provoque des troubles fonctionnels à haut risque, entretenus dans un circuit répétitif mortifère : insomnie et anorexie primaire graves, vomissements psychogènes, mérycisme. C'est une étiologie majeure des désorganisations fonctionnelles, de la dépression primaire, de la « dépression blanche » génératrice de troubles lésionnels variés.

• Les mères psychotiques

Les mères présentant une psychose existant depuis des années sont rarement installées dans un couple stable. Souvent, elles sont assez isolées familialement et socialement. La relation mère/bébé revêt alors quelques spécificités :

– les angoisses psychotiques de la mère rencontrent les angoisses archaïques du nourrisson, ce qui mobilise chez elle, du fait de sa non-différenciation d'avec lui, des angoisses massives qui sont difficilement gérables, surtout en l'absence de tiers sécurisant ;

– le bombardement fantasmatique, selon les termes de S. Lebovici, dont le bébé est l'objet, provoque l'incohérence des soins, leur inadéquation et leur potentielle dangerosité : le bébé n'est pas vraiment perçu dans sa réalité, mais est l'objet d'une projection incessante de fantasmes ;

– les rythmes du sommeil, des repas ne dépendent pas des besoins du bébé, mais fluctuent en fonction de ceux de la mère ; de ce fait, le bébé ne peut pas anticiper, et les relations quotidiennes sont totalement imprévisibles pour lui.

Face à ces mères délirantes, chaotiques, on peut observer des nourrissons d'une très grande vigilance, retenant leurs mouvements. Ces bébés graves, inquiets, se consolent seuls.

Myriam David (1987) a parlé de « perversion du holding » dans le sens où les interactions s'organisent en fonction des besoins maternels et non de ceux du bébé. La mère est dans une relation d'objet narcissique, elle est dans l'incapacité, de par sa pathologie, de proposer à son enfant une « préoccupation primaire », selon l'expression de D. W. Winnicott, préoccupation qui nécessiterait une évolution vers l'objectalité. En exigeant d'elle, ce qu'elle n'est pas en mesure de donner, le bébé la mettrait et se mettrait en danger. Il n'a que le choix de s'adapter à sa mère. Des auteurs parlent d'hyperadaptation à la pathologie maternelle. Il s'agit là d'un système régulateur de l'équilibre dyadique ; l'enfant n'en demande pas plus à la mère qu'elle n'en peut supporter. Mais, par ailleurs, il s'agit là d'une organisation défensive qui mobilise une grande partie de l'énergie psychique de l'enfant dans le but de contrôler, maîtriser. Ces bébés paraissent en état d'alerte permanent. Cette organisation défensive est un risque pour leur développement, mais n'implique pas nécessairement une évolution vers une psychopathologie grave. D'autres facteurs, tels que l'environnement, la capacité de résilience de l'enfant, etc., entrent en ligne de compte. Lorsque les bébés sont considérés comme en danger physique et/ou psychique, ils sont retirés à leur mère, pour une durée qui dépend de la gravité des processus à l'œuvre. Des soins à domicile, vécus souvent comme des intrusions, sont proposés quand la mère est capable de les supporter.

• Les mères déprimées

Ce qui est regroupé sous le terme de dépressions maternelles peut être très variable : il peut s'agir de dépressions post-partum comme de dépressions chroniques. Chez la mère présentant une dépression post-partum, on note une attitude de retrait, et chez le bébé, un comportement passif. Lorsque la dépression est plus sévère, des variations extrêmes de son comportement la rendent difficile à prévoir pour l'enfant. Ces mères passent du désengagement à l'intrusion, de la proximité tendre à la colère, voire à la répulsion. Des comportements phobiques peuvent limiter les interactions, voire les soins indispensables.

Comme on l'a vu, des expériences, dites au visage impassible, menées à partir de dyades dont les mères ne sont pas déprimées et de dyades dont les mères sont déprimées, montrent que dans le premier groupe, les bébés tentent de rétablir un contact avec leur mère, leur sourient, puis devant l'échec, détournent leur tête, pleurent ou les observent avec inquiétude. Ils signalent ainsi leur sensibilité aux changements de la mère et leur propre désarroi devant ce fonctionnement non prévisible. Lorsque les bébés ont quelques mois, ils sont capables de provoquer, par leur rire, le rire de la mère et ainsi de rétablir le contact. Dans le groupe des bébés dont les mères sont déprimées, ces derniers ne modifient en rien leur comportement. Plutôt que de penser à une forme d'adaptation en miroir, on considère aujourd'hui qu'il s'agit là aussi d'une hyperadaptation à la pathologie maternelle. Souvent, ces enfants développent une représentation d'eux comme impuissants à agir sur leur environnement, du fait même de leur incapacité de modifier l'interaction.

Si les bébés des mères psychotiques sont confrontés à un bombardement fantasmatique et à un investissement parfois persécutif mais massif, ils se retrouvent face à un désert fantasmatique et à un investissement très faible ou inexistant. Ces mères, pour faire face à la nécessité de s'occuper de leur enfant, peuvent adopter un comportement de type opératoire dont on a vu qu'il est producteur de désorganisations fonctionnelles.

2. Côté bébé

• Les conditions physiologiques

Certaines formes de carence peuvent être dues à des déficits sensoriels. Les messages sensoriels, on l'a vu, sont indispensables à la fois pour la constitution d'une peau psychique, pour la mise en route de premières protoreprésentations et pour entrer en communication. Par conséquent, un trouble sensoriel a des répercussions sur le développement psychoaffectif et cognitif. Les troubles psychopathologiques dépendront à la fois des conditions de vie de cet enfant, de l'âge auquel son déficit sera dépisté, de la réaction des parents et de ses propres spécificités. Chez les enfants sourds, on note souvent une grande anxiété et un mauvais contrôle émotionnel probablement liés, en grande partie, à leur déprivation initiale du bain de paroles maternel qui apaise, guide émotionnellement, informe, aide à la constitution du moi-peau.

Chez l'enfant déficient visuel, les troubles de l'organisation spatiale et des praxies retardent la prise de conscience de soi. Chez le bébé aveugle, on décrit un désarroi postural associé à des manifestations d'anxiété, lorsqu'il doit se mobiliser de façon motrice, quitter une position connue pour une autre. L'acquisition de la marche sera retardée, l'espace externe étant trop insécurisant et peu prévisible. Ces bébés manifestent aussi des phobies du toucher.

Chez le bébé épileptique, on peut concevoir à quel point la constitution d'une peau psychique, préalable à la sensation de sa continuité d'être, à la différenciation soi/autre, à la mise en route de la pensée, peut être fortement entravée. Le monde manque de fiabilité, de prévisibilité, de par les ruptures imprévisibles de la conscience. La capacité de l'enfant à contrôler ce qui est à l'œuvre pour lui, se trouve extrêmement défaillante.

Là encore, les propres caractéristiques de l'enfant, l'investissement des parents, leur plus ou moins grande anxiété, leur capacité à saisir les messages infraverbaux de leur enfant, joueront un grand rôle dans le développement de celui-ci.

• Les prématurités

L'enfant prématuré, comme la majorité des enfants présentant un handicap à la naissance et privés de la relation à leur mère, présente, une fois rendu à sa famille, des particularités interactives qui peuvent dérouter les parents déjà blessés narcissiquement par cette naissance difficile.

Les messages qu'il émet manquent de clarté, et son entourage ne parvient qu'à les déchiffrer qu'avec peine. Il diffère des bébés arrivés à terme par son impossibilité à contrôler ses mouvements erratiques, par des changements plus fréquents des états de vigilance. Il n'entre pas en dialogue tonique avec le corps de sa mère (certainement parce qu'il n'a pas bénéficié des premières relations de corps à corps avec sa mère). Il est moins réactif à des stimuli visuels, auditifs et donc au visage et à la voix. C'est peut-être pour cela qu'il est plus difficile à consoler. Son peu de sensibilité aux stimulations provoque chez les parents des comportements anxieux compensatoires.

Afin d'inciter à la relation, les parents peuvent ne pas respecter les rythmes de l'enfant, devenir intrusifs, ce qui ne peut que renforcer les comportements d'évitement de celui-ci. Les comportements de retrait de l'enfant sont probablement une stratégie pour régler la quantité de stimulation reçue. Ces ratages des premières interactions ne facilitent pas l'installation d'un rythme relationnel adapté à l'enfant et peuvent être autant de facteurs de potentielles distorsions de la relation mère/enfant. Au niveau de la dynamique transactionnelle, on note une asynchronie : quand la mère est active, l'enfant ne l'est pas. Si les parents demeurent intrusifs, si une régulation ne s'opère pas spontanément ou avec une aide extérieure, dès le troisième ou le quatrième mois, le détournement quasi systématique du regard de l'enfant est le signe précoce d'une pathologie qui s'installe.

Cette naissance prématurée altère les capacités interactives des deux partenaires. Une aide préventive s'avère souvent nécessaire pour éviter la mise en place d'interrelations inadéquates et pathologiques.

3. Côté environnement

• Les carences

Dans des milieux familiaux où l'on note l'absence d'organisation du quotidien, la fréquence des situations de crise, les carences de tous ordres (sanitaires, éducatives, sociales), les bébés présentent souvent des troubles physiques et psychiques divers.

Les mères sont dans l'incapacité d'assumer les soins nourriciers, corporels de leur enfant, ce qui indique à la fois leur difficulté à investir leur propre corps et celui de leur bébé, tant les confusions à l'œuvre chez ces mères sont souvent grandes. Très fréquemment, l'histoire des parents, leur enfance, est elle aussi marquée par des carences, des discontinuités, des placements… Ces mères oscillent entre des moments de collage intense et surexcitant vis-à-vis de leur enfant, et des périodes de grande distance où elles le rejettent, le malmènent ou l'oublient. Les moments de collage ne sont pas des moments de fusion vitalisante. Ces mères ne sont pas à l'écoute empathique de leur bébé mais dans un mouvement intrusif. Elles recourent beaucoup à l'identification projective : le bébé peut brutalement être ressenti comme envahissant, et elles le rejettent alors de façon phobique.

Le bébé, subissant ces alternances de stimulations inadéquates et de brusques lâchages, est dans un climat d'insécurité, d'impossible organisation, anticipation. On a parlé de « sous-alimentation narcissique primaire du nourrisson » (David et Lamour, 1984).

En général, les pères sont absents ou déficients et ne peuvent aider leur compagne à trouver la bonne distance relationnelle. La carence maternelle n'est pas seule en cause : ce qui est en cause, c'est le fait que l'enfant ne puisse trouver un autre recours. Parfois, un frère, une sœur sont investis comme des parents disponibles, sensibles à leurs signaux, sur lesquels l'enfant bâtit ses modèles internes.

Il arrive, pour des raisons évidentes de sécurité et de santé, que des enfants soient retirés de ces familles qui manifestent à la fois leur désir d'enfant et leur incapacité à prendre en charge le quotidien. Le retrait d'un enfant peut avoir pour conséquence une nouvelle grossesse de la mère, les parents ne supportant pas le vide, la séparation, le deuil à faire. Certains bébés placés chez les assistantes maternelles reprennent du poids, se mettent à rire, à babiller. D'autres manifestent des moments de détresse, de désorganisations, de dépression… Il est parfois extrêmement complexe de savoir quelle option choisir pour aider au mieux le bébé et sa famille. Un cycle infernal de la répétition enfant maltraité/rejeté, parent maltraitant/rejetant, est relevé par les équipes travaillant avec ces familles, quoique la plupart des enfants maltraités ne deviennent pas pour autant des parents maltraitants.

Il est souhaitable de proposer le plus tôt possible un travail thérapeutique mère/enfant dans ces familles, même si cela se révèle extrêmement peu aisé, dans la mesure où il n'y a aucune organisation de la vie quotidienne. Toute prédictivité, sinon à court terme, semble extrêmement difficile. Les études menées indiquent, cependant, que la variable qui a le plus d'impact sur le devenir de l'enfant est celle qui fait intervenir la relation mère/enfant. On peut noter aussi que ces enfants, contrairement aux enfants dont les mères sont sévèrement déprimées à leur naissance, évoluent peu vers des psychoses.

• Les excitations provoquées par des soins hospitaliers

Les hospitalisations, qui surviennent dès les premiers jours de la vie, limitent, voire interdisent les rapprochés corporels et l'établissement de premiers liens. Des déprivations sensorielles, émotionnelles et donc cognitives sont créées dans les premiers temps de la vie. Si une relation à une mère désaffectivée peut induire des dégâts, il serait absurde de penser qu'un holding mécanique, un holding médical, n'en laisserait pas.

L'alimentation s'opère par gavage, alors qu'on sait l'importance de l'activité de succion, du contact peau à peau, du portage, dans les premières interrelations avec la mère. Les rythmes ne suivent pas ceux particuliers de chaque bébé, mais sont imposés par le service hospitalier. Les soins médicaux sont de véritables intrusions provoquant des replis et des évitements. Les contacts sensoriels proposés sont intrusifs, non contenants : lumière vive, bruit continu, sondes, piqûres, etc. Longtemps, certainement de façon défensive, les soignants ont imaginé les bébés non ou peu réactifs à la douleur.

La moindre réactivité aux stimuli visuels, auditifs chez ces bébés, lors de leur retour en famille, semble signaler un processus actif de protection face à un environnement à la fois opératoire et hostile. De par cette moindre réactivité aux stimuli, on ne parvient pas à les consoler facilement : au début, le visage et la voix ne jouent pas leur rôle d'apaisement. Si le bébé a subi des immobilisations, l'acquisition du sens de l'espace, la perception de son corps et la différenciation soi/autre peuvent s'en trouver plus ou moins altérées selon la durée des conditions de vie aberrantes auxquelles il a été soumis. On peut noter des retards dans les fonctions posturo-motrices.

Des hospitalisations qui ont lieu un peu plus tardivement – surtout si elles provoquent des ruptures longues avec l'environnement familial, même si la mère est présente, comme c'est actuellement le cas dans la majorité des services pour enfants –, mobilisent des angoisses d'autant plus délicates à intégrer que l'enfant est jeune et que des interventions chirurgicales sont nécessaires. L'enfant ne comprend pas que le parent présent ne le protège pas de ces violences et même les cautionne. Des réactions de repli, de rejet, de colère sont observables. Des fantasmes agressifs et d'abandon, d'attaque, de punition sont à l'œuvre, pouvant compliquer, voire bloquer le processus de séparation/individuation, si l'enfant se trouve, à ce moment précis, dans une démarche d'autonomisation. Des régressions, parfois des dépressions, peuvent être constatées.

De façon plus générale, les situations traumatiques, parce que non élaborables encore, non intégrables, provoquent une submersion des défenses psychiques habituelles et donc des désorganisations somatiques ou des replis défensifs extrêmes. La fonction pare-excitante de la mère est donc indispensable. Mais le bébé, ne comprenant pas son incapacité à le protéger, peut parfois la repousser, la vivre comme dangereuse à l'instar du milieu dans lequel il est plongé. Aussi paraît-il essentiel qu'un soutien psychique soit apporté à ces mères, afin que leur propre état de stress, associé à des blessures narcissiques, à leur vécu d'incapacité à aider leur bébé, ne les submerge pas à leur tour, les empêchant alors de remplir leur fonction de soutien chaleureux et compréhensif auprès de leur bébé.

III. L'EXPRESSION SOMATIQUE DU MAL-ÊTRE DU BÉBÉ DANS L'ESPACE RELATIONNEL ORAL

Le concept de pulsion est un concept limite, puisqu'il se situe entre ce qui est de l'ordre du physique et de l'ordre du somatique. Comme l'exprime Freud dans sa *Métapsychologie* (1915), il est le représentant psychique des excitations issues de l'intérieur du corps et parvenant au psychisme. Ces excitations provenant du corps doivent être transformées en pulsion, niveau psychique de l'excitation.

L'intrication psyché/soma, inhérente à tous les êtres humains, se manifeste de façon prégnante chez les bébés, parce qu'ils sont incapables d'assumer, d'intégrer le trop d'excitations, du fait de la prévalence de leur expression fonctionnelle, en particulier sur les zones investies par eux et leur mère (oralité, toucher). L'importance de l'objet, de la relation à l'objet est extrême, en tant que médiateur des pulsions qui l'envahissent. La non-organisation du soi, la désorganisation du moi, le morcellement et le fractionnement qui en résultent sont le produit de la pulsion de mort, demeurée à l'intérieur du psychisme du bébé et non liée, grâce à l'investissement libidinal de l'objet, à sa fonction de contenance. On sait qu'une insuffisance de contact avec la mère, ou son substitut, peut mener au marasme et à la mort. L'investissement libidinal de la part de la mère est nécessaire à la survie du nourrisson et à son développement ultérieur.

Dans la mesure où le moi est faible, il est fréquent que la réponse symptomatique des bébés, à un excès d'angoisse ou d'excitation, soit d'ordre somatique. Les premières relations s'étayant sur les besoins vitaux de l'enfant, les premiers troubles s'expriment sur le mode fonctionnel : troubles d'ordre oro-alimentaire, troubles du sommeil. Ils peuvent s'exprimer par le biais de troubles instrumentaux concernant le développement des grandes fonctions : motricité, perception, etc., tous les moyens dont se sert l'enfant pour se connaître, connaître l'autre, le monde extérieur en général, interagir avec lui, agir sur lui. C'est l'une des particularités majeures de la symptomatologie aux âges précoces.

Pour l'École de psychosomatique de Paris (IPSO), puisqu'il y a retentissement de la psyché sur le soma, que l'impact de la condition physique sur le psychisme est indéniable, tout est considéré sous l'angle de la psychosomatique.

Un même symptôme, voire un même syndrome, peut être porté par des enfants présentant des organisations psychiques très variées. Le moment d'apparition, la nature du symptôme, ses variantes cliniques, son mode évolutif, les concordances avec certains événements significatifs favorisent la compréhension des processus à l'œuvre.

Avec le développement des capacités à penser et à dissocier ce qui est de l'ordre du sensoriel, de l'émotionnel et de la pensée, les symptômes de l'interrelation prennent place plus clairement dans la relation objectale (angoisse de l'étranger, qualité des activités auto-érotiques et transitionnelles, capacité à jouer, à communiquer…).

1. Les troubles de l'incorporation orale

Dans ces formes de pathologies, il semble qu'il y ait incapacité d'établir entre la mère et l'enfant une relation fondée sur l'identification projective normale, première forme de communication. Au lieu de s'identifier à un objet sein/psychisme compréhensif, l'enfant va s'identifier à un objet vécu comme volontairement incompréhensif et donc destructeur, destructurant.

• Les vomissements psychogènes

Autant le nourrissage est le prototype de l'incorporation, de l'introjection, autant le vomissement est celui de la projection, de la mise hors soi de l'objet mauvais, attaquant, intolérable. Ces troubles se manifestent préférentiellement chez des bébés hypertoniques, hyperactifs, souvent trop stimulés et de façon peu cohérente. Les vomissements psychogènes sont fréquents, souvent sans gravité, mais indicateurs de malaise. Il s'agit de troubles à forte signification émotionnelle. Mais ce symptôme peut aussi présenter des formes graves. Il peut succéder à celui de l'anorexie du deuxième semestre. Celle-ci cède en apparence, mais la prise de repas se solde par un vomissement systématique. La vie du bébé peut s'en trouver menacée.

Avant d'affirmer qu'il s'agit de vomissements d'origine psychogène, il est indispensable, bien sûr, d'éliminer toute cause organique ou diététique.

• Les coliques idiopathiques du premier trimestre et les troubles du transit

Ces troubles semblent ne pas exister en milieu collectif et apparaître de façon élective dans un milieu familial avec un partenaire électif. Ils apparaissent une à deux semaines après la naissance et disparaissent au cours du troisième trimestre de vie spontanément. La succion et le bercement sont banalement utilisés pour apaiser la tension du bébé. Cela peut amener les mamans à multiplier les repas.

Le bébé semble ressentir une douleur paroxystique qu'il manifeste par des cris. On peut percevoir des émissions de gaz qui apaisent, ce qui fait songer à un mécanisme fonctionnel qui intéresse le côlon. On peut relever plusieurs facteurs de causalité potentielle :

– l'hypertonicité de l'enfant ;

– l'excès d'agitation et l'incohérence des soins ;

– la « sollicitude primaire excessive et anxieuse » (Spitz, 1958) de la mère qui tente de supprimer immédiatement les cris de son enfant en l'alimentant, ce qui le calme momentanément mais surcharge son appareil digestif. Cette sollicitude excessive est inconsciemment imprégnée d'agressivité.

Dans des cas de tension et de fatigue excessives de la mère et de l'enfant, la séparation est parfois proposée. Si cris et douleurs s'apaisent, cette réponse factuelle ne paraît pas, cependant, une réponse appropriée aux troubles relationnels ainsi exprimés.

• Le mérycisme

Ce comportement apparaît au cours du second semestre. Il peut se décomposer ainsi : tout d'abord contraction des musculatures thoraco-abdominale et diaphragmatique provoquant une remontée de nourriture dans la bouche, puis une rumination du bol alimentaire que l'enfant mâchonne longuement, avale et régurgite à nouveau... Ce symptôme passe souvent inaperçu : l'enfant ne manifeste ce comportement que lorsqu'il est seul. Il l'abandonne lorsqu'il se trouve en relation.

Il semble qu'il y ait un lien entre ce comportement et une certaine déprivation de relation d'avec la mère : mère déprimée, mère coupée de ses affects, ou dont l'agressivité inconsciente est importante. Une autre étiologie, en partie liée à la précédente, indique la manifestation de mérycismes lors d'interdiction d'activité auto-érotique comme la succion du pouce... Ces comportements semblent signaler chez l'enfant la tentative de contrôler, de maîtriser, par le biais des sensations associées au bol alimentaire, la mère ou plutôt la relation au sein maternel. Plutôt que d'une activité auto-érotique habituellement chargée en potentialités développementales, il semble s'agir là de processus défensifs pathologiques proches d'accrochage sensoriels, signant des difficultés d'intériorisation d'un objet contenant introjecté, attracteur constitutif d'une peau psychique. À propos de ce symptôme, Michel Fain et Michel Soulé ont évoqué le fameux jeu de la bobine. Il me semble nécessaire de bien l'en distinguer au contraire, dans la mesure où ce « jeu » d'apparition et de disparition du bol alimentaire, loin de permettre l'intériorisation des processus liés à la séparation et à la permanence de l'objet, signe la tentative de contrôle omnipotent de l'objet. Au lieu d'être de l'ordre des protoreprésentations, il se situe plus proche de l'équation symbolique d'Hanna Segal où le symbole est mis en équation avec l'objet originel, engendrant la pensée concrète.

- **L'anorexie**

Dès les premières semaines de la vie, une anorexie essentielle précoce peut apparaître. Le bébé est passif dans la relation alimentaire. Parfois, des vomissements psychogènes s'y associent. Le pronostic somatique et psychologique est inquiétant.

Dans l'anorexie qui survient au second semestre :

– soit le bébé refuse de façon plus ou moins totale l'alimentation, de façon active en serrant les dents, détournant la tête, recrachant ;

– soit il accepte de façon passive que sa mère le gave, pour ensuite vomir une grande partie de ce qu'il a ingéré.

Fréquemment, ces enfants boivent beaucoup et acceptent la nourriture liquide.

Il s'agit là d'un trouble important de l'interrelation avec emprise de la mère et opposition de l'enfant. Les mères des enfants anorexiques ne présentent pas de troubles psychopathologiques précis. Le refus de nourriture provoque chez elles une blessure narcissique importante. Ce refus est vécu comme un échec de leur fonction maternelle. Très vite, les aspects conflictuels de la relation mère/enfant se focalisent sur la nourriture et peuvent aller en s'aggravant, en créant des points de fixation.

Des circonstances déclenchantes sont souvent retrouvées, en particulier le sevrage, avec introduction de la nourriture solide. Ces bébés semblent rejeter l'introduction de toute nourriture plus solide. Ce retour au premier mode d'alimentation, le refus des morceaux, a amené à considérer ce symptôme, malgré sa précocité, comme une régression.

2. Les troubles de l'expression psychomotrice : des difficultés à gérer l'expérimentation de soi et de l'autre

Les troubles à expression motrice signalent à la fois la forme d'investissement du corps et la forme d'engagement adaptative, émotionnelle et relationnelle du bébé. Il s'agit d'organisations motrices déviantes, hors atteintes lésionnelles qui manifestent une psychopathologie. En effet, les caractéristiques de la peau psychique des bébés se manifestent par leur tonicité, leur tenue du corps, leurs formes d'activités motrices…

Ces troubles constituent souvent un signe associé des dysfonctionnements importants de la personnalité (autisme et autres psychoses précoces, dépression de l'enfant), mais peuvent aussi signaler des troubles de la relation moins graves…

• Le tonus

Il s'agit de bébés difficiles à porter, qui semblent « couler » des bras des adultes qui tentent de les porter. Généralement, leur hypotonie s'accompagne d'une lenteur gestuelle, d'un manque d'initiative motrice, de peu de réponses aux sollicitations, d'une passivité psychomotrice générale. Les bébés hypotoniques manifestent souvent un surinvestissement de la nourriture aux dépens de la vie relationnelle. Ce peut être un point de fixation de futures obésités de l'enfance et de l'adolescence. Les conduites alimentaires peuvent être alors marquées du sceau de la passivité : on peut assister à des anorexies dépressives du bébé.

Ce retard psychomoteur signale l'indifférence, la soumission du bébé face aux attitudes surprotectrices, immatures ou de non-investissement de la mère. Ce symptôme manifeste fréquemment le retrait psychotique ou la dépression du bébé. L'inertie motrice et posturale est très présente dans les dépressions du nourrisson. Mais l'hypotonie peut aussi être un mode de réponse du bébé à la douleur. Il est donc important d'être attentif à cette forme d'expression de la souffrance qui passe souvent inaperçue, parce que silencieuse.

L'hypertonicité peut être notable dès la naissance. Ces bébés très raides, se « tiennent » eux-mêmes musculairement, ils sont très réactifs, comme s'ils étaient hypersensibles à toute intrusion. Leur vigilance est extrême, ils se laissent peu aller de façon confiante et abandonnée dans les bras maternels. La moindre excitation les touche, ils réagissent fortement à la douleur, ont un regard extrêmement présent. Leurs compétences interactives sont remarquables, mais leurs capacités, d'habituation réduites, ce qui indique qu'ils peuvent rapidement être débordés par l'excitation, du fait de la faiblesse de leur dispositif de pare-excitations interne et externe (fonction alpha de la mère). Ce sont des bébés qui présentent souvent des coliques du premier trimestre, des spasmes du sanglot, des vomissements fonctionnels.

• L'hyperactivité et les dysharmonies motrices

L'hyperactivité peut apparaître après une période d'inertie, dès le second semestre. L'excitation est alors centrale. Au niveau moteur, le bébé est en avance et des troubles du sommeil apparaissent. Cette hyperactivité peut exprimer une défense antidépressive, comme le signale la période antérieure de retrait et de calme, une lutte contre l'angoisse, voire des comportements vides.

Les termes de dysharmonies motrices rendent compte de retards, de discordances dans les acquisitions posturales, d'absence d'attitude anticipatrice, d'ajustement postural et de réactions paradoxales (comme le rejet de la tête et du corps en arrière). Les interactions précoces mère/bébé dysfonctionnent.

3. Les troubles du sommeil : vigilance extrême ou intolérance au désinvestissement de l'environnement

La qualité du sommeil dépend à la fois de la capacité d'investissement de l'enfant par la mère et de la capacité de celui-ci à recevoir cet investissement.

La qualité du sommeil est étroitement liée à la vie affective et implique que l'enfant puisse tolérer de « désinvestir son environnement ». Un enfant hypertonique ne relâche pas sa vigilance, y parvient peu ou mal. Dans la mesure où il y a une incapacité à entrer dans une interrelation sécurisante et apaisante, il semble s'agir là plus d'une forme d'accrochage intense que d'un véritable investissement. On a pu noter cliniquement, chez les bébés abandonnés à la naissance, une hypervigilance liée aux sollicitations excessives du personnel soignant, touché par le cas de ces bébés et à la non-référence à un personnage maternant stable. Lorsqu'ils sont confiés à des assistantes maternelles, ils sombrent alors dans des temps très longs de sommeil, comme s'ils se récupéraient.

La qualité de l'insomnie est fondamentale pour saisir les processus en jeu. Il peut s'agir :

– soit d'insomnies silencieuses : le bébé reste éveillé durant des heures les yeux grands ouverts sans appeler. La présence de la mère n'apaise pas le bébé, l'alimentation non plus, l'angoisse et l'intolérance à la frustration sont massivement présentes. Il s'agit là de l'insomnie grave des bébés présentant des troubles autistiques ;

– soit d'insomnies associées à des hurlements, à une très grande agitation, à des comportements auto-agressifs, à des mouvements rythmiques incessants du type balancements de la tête d'un côté et de l'autre, avec ou sans cognement de celle-ci contre les barreaux. L'anxiété de la mère, sa difficulté à interpréter correctement les besoins de l'enfant, ne permet pas à celui-ci de s'endormir paisiblement. Là aussi, la présence de la mère n'apaise pas l'enfant. Dans les cas où l'allaitement maternel s'est déroulé sur un mode opératoire, le message transmis à l'enfant renvoie plus à l'instinct de mort qu'à de l'érotisme ou à des pulsions d'auto-conservation ;

– soit d'insomnies qui se manifestent par des pleurs, des cris et qui signalent l'incapacité de la mère et de l'enfant à se séparer.

Dans ce cas, même si les rythmes éveil/sommeil sont perturbés, la présence de la mère apaise l'enfant. Selon Gérard Szwec (1995), l'enfant réclame le sein, parce que le message maternel ne lui a pas permis de développer des auto-érotismes lui offrant une issue. Le message maternel a plutôt été que la tétée est la seule réponse à toute tension, réponse qui n'est cependant pas longtemps calmante et qu'il faut régulièrement répéter. Ce sont des bébés qui auront du mal à investir un autre objet que la mère, l'objet transitionnel ne pourra pas assumer sa fonction favorisant un espace intermédiaire. Une spirale peut s'instaurer, déstabilisant le fragile équilibre de la dyade, et la mère se retrouve de moins en moins capable de remplir son rôle de pare-excitations, de gardien du sommeil de son enfant. Le père de l'enfant, le compagnon de la mère, en tant que tiers, ne remplit pas son rôle dans l'esprit de la mère. Lorsque celle-ci réinvestit ses relations amoureuses et extérieures, la césure de l'amante, selon l'expression de Michel Fain et Denise Braunschweg, est à l'œuvre, permettant à la mère et à l'enfant de vivre leurs nuits séparément.

Dans tous les cas, ces troubles signent le défaut, plus ou moins important selon la gravité de ce symptôme, d'une activité représentative, l'incapacité à utiliser des activités auto-érotiques pour se contenir, se consoler, s'endormir.

4. Les spasmes du sanglot

Ce trouble, traditionnellement abordé dans les chapitres traitant du développement du nourrisson, peut se manifester dès le premier semestre de la vie du bébé, mais se produit ordinairement au cours de la seconde année, ou tardivement dans la troisième, donc durant la petite enfance. Généralement, il disparaît spontanément au cours de la troisième année. C'est un trouble du bébé et de la petite enfance.

Le spasme du sanglot est indicateur d'une situation conflictuelle à élaborer et n'est pas qu'un symptôme dont il faut soulager la famille. Chez le bébé, il se déroule lors de la première étape de différenciation et de développement du schéma corporel décrit par M. Mahler. Le bébé, qui ne se contente pas de se mouler au corps de sa mère, expérimente en permanence les prémisses de la séparation/individuation par des patterns d'exploration (*cf. supra* « Peau psychique et moi-peau »). Le regard de la mère joue un rôle important dans la représentation du corps et de soi, l'expression de son visage est utilisée comme guide dans les explorations et l'intérêt actif pour le monde extérieur en présence de celle-ci. Nous verrons que le bébé se servira de ces signaux dans son choix préférentiel du partenaire avec qui il manifestera son mal-être.

Que ce trouble se produise préférentiellement lors de la seconde année n'est pas étonnant non plus : cette période de la vie est marquée, comme on le verra, à la fois, par un énorme besoin de dépendance et un désir d'autonomie. Le bouleversement des structures mentales, l'accession à la pensée symbolique, les processus mentaux autour de l'analité, les poussées génitales semblent déborder les capacités de gestion défensives du moi de l'enfant.

Deux formes cliniques de spasme du sanglot sont observées :

– la forme bleue qui survient à l'occasion d'une frustration, d'une colère ;

– et la forme pâle qui survient après un choc douloureux, une irruption émotionnelle anxieuse ou déplaisante.

Dans les deux cas, le fait qu'une cause déclenchante soit toujours repérable permet de différencier cette brève perte de connaissance d'une crise d'épilepsie. Selon L. Kreisler (1987), la forme bleue touche des enfants énergiques, actifs, opposants, qui ne supportent pas la contrariété et y réagissent sur un mode comportemental. La lutte autour du repas est souvent la situation déclenchante du spasme.

La forme pâle touche des enfants moins impulsifs, plus anxieux, émotifs, phobiques qui réagissent d'une façon plus passive. L'enfant manque de moyens pour élaborer cette situation et a recours à une répression extrême des affects qui provoque une chute dans l'inconscience comme pour faire disparaître à la fois l'affect et la situation. La plupart du temps, on retrouve un choix électif de la personne avec qui ce trouble se déclenchera. Il s'agit du partenaire le plus fragile, le plus impressionnable du couple parental. Les crises s'aggravent avec la montée de l'angoisse qu'il fait surgir dans la famille et s'atténuent rapidement, lorsque le partenaire est rassuré sur l'absence de danger vital et qu'il a compris le sens psychologique du symptôme. On comprend ainsi que l'environnement familial fait partie intégrante du trouble.

Même si la régression du symptôme est rapide, ce symptôme signale une certaine défaillance des mécanismes mentaux face à la frustration, aux situations déplaisantes. On trouve là les couples opposés de pulsions partielles : activité/passivité, domination/soumission, tendresse/hostilité, phallique/châtré, si présents dans le processus anal (d'où la fréquence de ce trouble vers l'âge des 2 ans, et sa disparition lorsque l'enfant passe à des relations d'objet moins chargées en ambivalence).

IV. LA DÉPRESSION DU NOURRISSON

En 1946, René Spitz a été le premier à décrire et à analyser la dépression qu'il a qualifiée « d'anaclitique » dans ses travaux sur l'hospitalisme. Dans des conditions de ruptures relationnelles à sa mère, le bébé, en milieu institutionnel, refuse tout contact, devient insomniaque, perd du poids, présente un retard moteur et une rigidité faciale. Selon Spitz, ces troubles sont réparables, si la séparation n'excède pas quatre à cinq mois.

De multiples recherches ont suivi celles de Spitz, elles concordent sur le point suivant : la séparation d'un nourrisson et de sa mère est génératrice de carences dans les cas où le substitut maternel n'est pas stable ou se révèle inadéquat. Avec l'accession à la relation d'objet, dès le deuxième semestre, les ruptures relationnelles sont des expériences traumatisantes et productrices de troubles qui dépendent de la durée et de la répétition des séparations.

Si l'absence de la mère ne déborde pas trop les capacités d'attente et de maintien de l'objet chez l'enfant, si le milieu n'est pas vécu comme trop hostile, l'enfant peut manifester sa souffrance par de l'agressivité, un certain désintérêt vis-à-vis de la mère, des réactions d'attachement anxieux qui s'apaiseront peu à peu avec le retour d'un cadre fiable, stable, aimant. Cependant, une plus grande sensibilité aux séparations peut demeurer.

Si la séparation est trop longue ou trop répétée, la déprivation affective trop importante dans le milieu où il est placé, on peut observer des tableaux comparables à ce que Spitz a appelé l'hospitalisme. Les manifestations ultérieures peuvent être de l'ordre du déficit mental, de la dépression, des conduites asociales.

Des ruptures relationnelles répétées, des carences affectives précoces entraînent des failles dans l'organisation narcissique. Or, c'est de la qualité et de la solidité de son narcissisme que dépendra l'avenir psychique de l'enfant.

Actuellement, on ne rencontre quasiment plus des formes institutionnelles aussi carencées. Néanmoins, ce type de tableau est toujours présent dans les pathologies du jeune enfant gravement délaissé, victime de sévices, subissant des frustrations graves de l'environnement familial pathogène et des ruptures fréquentes.

La rupture demeure un facteur important de la dépression du nourrisson, qu'il s'agisse de ruptures réelles, longues ou répétées ou de ruptures dues à la dépression de la mère, présente physiquement mais absente psychiquement. Au niveau symptomatologique, le bébé ne manifeste aucune appétence relationnelle, affective, aucune curiosité pour l'environnement ; ses vocalisations sont pauvres, et son appétit est faible. Il se replie sur lui-même, présente peu d'activités auto-érotiques et transitionnelles. Il semble plongé dans une sorte de sidération mentale. Il en résulte alors un déclin des acquisitions pouvant ressembler à une régression déficitaire. L'absence d'angoisse face à l'étranger et l'indifférenciation de ses comportements d'attachement indiquent un défaut important dans la constitution des relations d'objet, souvent une sorte d'indifférenciation des relations objectales. La non-organisation psychique, le peu de tonus libidinal de ces bébés les plongent facilement dans la désorganisation psychosomatique.

L'importance prophylactique des prises en charge précoces est attestée par les remarquables capacités de récupération du bébé. Dans « Le Syndrome de la mère morte » (dans *Narcissisme de vie, Narcissisme de mort*, Éd. de Minuit, 1980), André Green rend compte des effets d'une dépression maternelle, à long terme, chez l'adulte. L'étude de l'IPSO sur les cancers du sein montre l'existence d'une corrélation significative entre cette pathologie et l'existence dans le passé d'une dépression précoce en liaison avec des dépressions maternelles ou des circonstances de deuil.

V. L'AUTISME ET LES PSYCHOSES TRÈS PRÉCOCES

Les psychoses précoces ont d'abord été décrites et classées en références aux psychoses de l'adulte : démences, schizophrénies, ou parmi les arriérations d'origine organique. Actuellement, la spécificité des troubles psychiques propres à l'enfance n'est plus contestée, et des recherches de plus en plus nombreuses s'interrogent sur leurs liens et leurs distorsions par rapport à ce que l'on sait de mieux en mieux sur le tout début de la vie psychique.

De façon générale, la psychose semble être un exemple de pluri-factorialité en pathologie mentale : l'existence de « prédispositions » génétiques semble avérée, sans que l'on puisse parler de déterminisme héréditaire.

Les multiples questions posées par l'autisme sont extrêmement mobilisatrices au niveau de la recherche en psychopathologie. L'étude de l'importance de l'autisme est pertinente, dans la mesure où même si elle est encore mal connue, elle paraît éclairer d'un jour nouveau certains processus fondamentaux à l'œuvre dans la psychose infantile, aider à réfléchir à la genèse des processus d'acquisition, à leur développement normal et à ce qui entrave celui-ci.

1. L'autisme infantile précoce

Le syndrome d'autisme infantile est un trouble global et précoce du développement. La description et les processus qui suivent, rendent compte aussi bien de l'autisme présent chez le bébé que de l'autisme infantile. Si cette pathologie autistique est présentée dans ce chapitre consacré au bébé, c'est parce qu'elle est d'une extrême précocité.

L'autisme se caractérise par un fonctionnement déviant et/ou retardé dans chacun des trois domaines suivants : interactions sociales, communication verbale et non verbale, et comportement.

Dans l'autisme, on remarque, au niveau symptomatique, des troubles psychomoteurs et de tonus. Léo Kanner considère l'absence d'attitude anticipatrice comme l'un des signes les plus précoces du diagnostic de la psychose. Les mères disent leur malaise face à l'hypotonie de leur bébé qui leur glisse des mains, qui ne fait aucun mouvement pour s'adapter à une position, pour se redresser. Les parents ressentent intuitivement cela comme une forme de refus, refus de désir de communication, refus d'ajustement au corps de la mère dont la blessure narcissique est profonde. De plus, ces bébés ne manifestent aucun intérêt pour les objets environnants.

La station debout, la marche sont acquises tardivement. À l'inverse, on constate parfois une sorte d'accrochage à la motricité, une marche très précoce suivie d'un brusque désinvestissement, comme s'il s'agissait là d'un mouvement vers le monde dangereux. En grandissant, ils se présentent comme des enfants bien développés, gracieux, agiles, qui bougent avec souplesse, marchent souvent sur la pointe des pieds. Des stéréotypies sont utilisées de façon défensive comme une barrière protectrice contre toute intrusion de l'environnement. Leurs significations, d'abord niées, sont actuellement objets de recherche.

Les rythmes éveil/sommeil sont perturbés. La présence de la mère n'apaise pas l'enfant, l'alimentation non plus, l'angoisse et l'intolérance à la frustration sont massives. Des insomnies, sans appel, ou des insomnies associées à des hurlements, à une très grande agitation, à des comportements auto-agressifs, à des mouvements rythmiques incessants sont présentes parfois dès le début de la vie. La qualité du sommeil, qui dépend à la fois de la capacité d'investissement de l'enfant par la mère et de la capacité de celui-ci à recevoir cet investissement, est l'un des signes majeurs du dysfonctionnement de la dyade. La mère se retrouve dans l'incapacité de décoder quels sont les besoins de son enfant, elle se sent de plus en plus inadéquate, son angoisse augmente ainsi que celle du bébé. Une spirale s'instaure déstabilisant le fragile équilibre de la dyade, et la mère se retrouve de moins en moins capable de remplir son rôle de pare-excitations, de gardien du sommeil de son enfant.

Les troubles de l'alimentation sont aussi prégnants : anorexie ou manifestation passive du refus de téter, régurgitations, vomissements. Au moment de la diversification des aliments, il y a souvent refus de mastication. Une alimentation lactée ou moulinée s'impose longtemps.

Plus tard, en grandissant, ces enfants ne possèdent pas d'objet privilégié, pas d'objet transitionnel (ce qui impliquerait choix, reconnaissance, affects, etc.). Ils se trouvent dans l'incapacité de jouer. Des moments d'angoisse massive produisent parfois des brèches dans leur monde surprotégé, par exemple, lorsqu'on modifie leur espace de vie.

Concernant l'autisme, il y a deux présupposés de bases, qui creusent à la fois une différence radicale dans la compréhension des processus à l'œuvre, mais qui ont aussi des conséquences dans l'approche clinique vis-à-vis des enfants.

• *Selon les cognitivistes, il s'agit d'un déficit.* Il manquerait aux enfants autistes la faculté innée, biologiquement programmée, que possèdent les enfants dès leur naissance, d'ajouter un sens à leur perception. Ils traiteraient l'information autrement, de façon fragmentée, sans cohérence globale. Par exemple, on constate que les enfants autistes sont souvent doués pour les puzzles, mais que, contrairement aux autres enfants, ils n'utilisent pas comme supports l'image mais des indices sensoriels autres. Leurs particularités sensorielles influent sur leur mise en mémoire qui s'en trouve troublée. Aussi faut-il trouver d'autres moyens d'éduquer ces enfants à qui il manquerait certaines capacités dans leur mode de relations aux autres. Ce ne serait ni une maladie mentale, ni une psychose. Une approche basée sur l'éducatif, sur l'enseignement spécialisé paraît seule adéquate. Selon T. Peeters :

> [...] Il existe une grande différence entre les troubles envahissants du développement et la maladie mentale, et elle se situe au niveau de la finalité du traitement.
>
> Un malade mental a un jour été « normal », on essaiera donc de le rendre à nouveau « normal ». Dans le cas de l'autisme, on accepte le caractère permanent des troubles du développement. Le traitement aura pour objectif, principalement, de développer, au maximum de ses possibilités, les capacités de la personne atteinte d'autisme sans pour autant dépasser ses limites.
>
> T. Peeters, *L'Autisme*, 1996, p. 10.

Uta Frith (1989) considère que ces enfants ne possèdent pas une théorie de l'esprit : seul le comportement est important, le sens du comportement leur échappant totalement. L'incapacité à inférer des liens entre ses diverses sensorialités, des liens de cause à effet, à décoder ses émotions et celle des autres humains, serait partie intégrante du déficit…

Cette approche peut sécuriser, à plusieurs titres, certains parents. Que leur enfant soit porteur d'une anomalie, cela atténue leur culpabilité, culpabilité commune à tout parent dont l'enfant est porteur d'un handicap, mais plus difficile encore à assumer lorsque ce handicap est psychique. De plus, dans de nombreuses méthodes comportementalistes, les parents ont des tâches précises et des objectifs à réaliser, ce qui les cadre, les soutient dans de possibles modes de relation à leur enfant. Ce cadre peut parfois se révéler un carcan pour l'enfant, en fonction des méthodes employées et du niveau d'angoisse, de structuration psychique particulière des parents. Des modes de relation de type « opératoire » peuvent alors s'instaurer, les apprentissages peuvent envahir et baliser le champ de la relation.

• *Pour les autres, il s'agit d'un processus dynamique de la psychopathologie humaine.* Les auteurs qui ont le plus travaillé à la conceptualisation des psychoses et autismes infantiles (Kanner, Mahler, Tustin, Meltzer et Haag) envisagent ces troubles comme des manœuvres défensives pour affronter les angoisses terrifiantes que l'appareil psychique du nouveau-né est incapable d'affronter. Les thérapies de ces enfants montrent que les angoisses prévalantes seraient celles d'une chute sans fin dans le vide, des angoisses d'écoulement, des ressentis extrêmement traumatisants de la séparation vécue de façon concrète comme un arrachement. Pour éviter ces terreurs, toute pensée, toute émotion, les enfants autistes privilégient la relation sensorielle au monde.

F. Tustin comme D. Meltzer définissent l'autisme comme un état centré sur le corps, dominé par la sensation qui constitue le noyau du soi. La particularité de l'utilisation de leur sensorialité est l'un des signes majeurs de l'autisme : l'ensemble des organes sensoriels est utilisé de façon très particulière. On croit souvent ces enfants sourds au point parfois de les appareiller et ainsi de les intruser avec violence. Les objets ne sont pas suivis des yeux, le regard traverse les personnes, ne s'arrête sur rien. Les parents pensent souvent à une déficience visuelle dans la mesure où se manifestent de très nombreux strabismes, divergents ou convergents. On peut noter aussi le maintien tardif d'un investissement olfactif. Leur utilisation de la sensorialité est à l'opposé de celle d'un enfant qui est à la découverte du monde et qui tente de se créer une première représentation à l'aide de toutes les informations collectées, aussi bien sensorielles, affectives que cognitives.

D. Meltzer (1975, p. 26) considère que certains bébés présentent des prédispositions à l'autisme qu'il synthétise ainsi : haut degré d'oralité, grande sensualité primitive, possessivité sans limite de l'objet maternel, constitution tendre, peu sadique, perméabilité primitive aux émotions des autres. Tout cela les exposerait à des expériences dépressives trop précoces et trop intenses. Si l'enfant ne peut expérimenter un objet contenant, remplissant une fonction maternelle de préoccupation primaire pour l'enfant (Winnicott), avec lequel il peut s'identifier, afin de se sentir suffisamment contenu à l'intérieur de sa propre peau, il ne peut supporter d'être laissé par sa propre mère et vit alors des moments de désintégration du self corporel, d'arrachage de parties de lui, de chute sans fin, de liquéfaction, d'hémorragie, etc.

D. Meltzer rend compte d'un processus défensif spécifique à l'autisme, extrêmement pathologique, qui entrave la conscience de soi, de l'autre, qu'il nomme démantèlement, et qui serait accompli en un instant et réversible sans effort, comme par inertie des ressorts mentaux. Il s'agit d'un repli complet sur la sensorialité qui exclut l'expérience perceptuelle consensuelle et, de là, toute possibilité d'introjecter des objets intégrés. Le résultat en serait un monde unidimensionnel, d'objets uni-sensuels, qui étoufferait la réactivité aux émotions, empêcherait l'intérêt pour les objets. Ces enfants, pour qui le monde semble source de souffrance et d'angoisses, sont, par exemple, absorbés dans une totale fascination pour la poussière s'élevant dans un rayon de soleil, ou dans le tourbillonnement ininterrompu d'un objet, ou encore dans une sensation interne de leur propre corps, hors notre champ perceptif. Il en résulte une suspension temporaire de la reconnaissance de l'écoulement du temps, une non-expérience de vie dans le sens où le vécu est représenté par un ensemble de points discontinus, impossibles à relier à d'autres événements mentaux et, par conséquent, impropres à être mémorisés. Dans cette relation, les qualités sensorielles des objets revêtent une importance extrême, et c'est en s'agrippant à ses sensations que l'enfant autiste tente de se tenir, de rassembler son moi. Se taper la tête contre les barreaux du lit est souvent perçu comme un acte autodestructeur, alors qu'il peut être, pour l'enfant autiste, une façon de s'accrocher, de se sentir, de ne pas sombrer dans l'angoisse massive, le néant. Ce qui n'empêche qu'il puisse se blesser et qu'il faille le protéger. Dans cet accrochage forcené au sensoriel, ces enfants essaient d'éviter, défensivement, de maintenir quoi que ce soit à l'intérieur d'eux, de se construire un intérieur. Ce processus défensif s'observe aussi parfois chez les bébés.

E. Bick fait état de la recherche frénétique d'un objet – une lumière, une voix, une odeur ou un autre objet sensuel – qui puisse retenir l'attention et, partant, être éprouvé, momentanément au moins, comme tenant rassemblées les parties de la personnalité. L'utilisation des « organes sensoriels comme des ventouses » (1986, p. 297), dans un collage adhésif, prédomine chez les bébés en grande difficulté, qui présentent une grande fragilité de leur enveloppe psychique. En revanche, ils sont fugitifs chez le bébé qui se développe sans difficultés notables. Le travail central du thérapeute, en thérapie individuelle comme dans les groupes, est de permettre de passer du primat des sensations (souvent dissociées, investies de façon rigide, clivées) à la consensualité « productrice » d'un lien organe/objet/émotion/protoreprésentation. Cette dissociation explique, en partie, l'impossibilité pour ces enfants de construire un langage affectisé. Les productions vocales articulées en ce qu'elles constituent une expérience buccale avec des composantes pluri-sensorielles et motrices nécessitent une capacité à utiliser souplement diverses sensorialités pour l'émission même du langage. Elles participent à l'élaboration de protoreprésentations produites par le jeu des interrelations. L'intégration progressive de ces représentations ouvre l'accès à l'utilisation des productions sonores pour les diverses formes de communication. F. Tustin nomme ces processus défensifs extrêmes, « la mise en capsule » ; ils ont pour effet de les protéger, ce qui amène F. Tustin à constater que cela les rendrait plus sensibles à la psychothérapie que les enfants confusionnels chez qui l'enchevêtrement soi/non-soi et la fragmentation du soi aboutissent à des confusions inextricables. Tustin (1990) compare les processus défensifs extrêmes pour lutter contre la terreur, auxquels recourent les enfants autistes, à ceux utilisés par des personnes ayant survécu à l'Holocauste. On voit que, sans employer le terme de résilience, elle en parle dans des termes comparables.

D. Meltzer se demande face à cette fuite du monde, s'il s'agit là de l'exemple ultime de ce que M. Klein, se référant aux accidents d'enfants, appela tentative de suicide avec des moyens encore insuffisants (1975, p. 56). Cependant, on peut dire que des défenses psychiques, même extrêmes, sont mises là en jeu. Le véritable suicide de l'enfant est peut-être à rechercher dans les désorganisations ou les inorganisations somatiques où le corps est sacrifié. L'enfant psychotique reste dans le psychique, il lie la pulsion de mort, alors que, chez le bébé qui se désorganise somatiquement, la libido ne parvient pas à lier la pulsion de mort.

En ce qui concerne l'investissement très particulier de la sensorialité chez ces bébés et ces enfants, F. Tustin (1985) note, pour sa part, l'existence d'un premier tri dur/doux dans leur expérience sensorielle du monde :

– les objets autistiques que l'enfant expérimente comme faisant partie de son corps propre et auxquels ils se cramponnent, se réfèrent à la sensation dure ;

– en revanche, les formes autistiques se réfèrent à la sensation douce.

Contrairement aux objets autistiques dont les contours sont durs, rigides, les formes autistiques sont amorphiques et constamment changeantes. Elles organisent et ordonnent ses impressions sensuelles d'une façon fugace. Il s'agit, selon ses termes (1985, p. 25), d'une espèce de « tranquillisant auto-induit ».

Nous ne sommes pas loin de ce que Michel Fain et Claude Smadja appellent « procédés auto-calmants », procédés qui possèdent une valeur défensive sans être soutenus par une fantasmatisation. Cette notion de forme autistique me paraît simultanément être de l'ordre de l'amorce d'une enveloppe, d'une peau psychique, et de l'annulation par le biais de la répétition permanente qui finit par annuler l'acte et atténuer l'angoisse des limites et de la séparation.

Les stéréotypies qui en font partie sont dites souvent à tort « auto-érotiques », dans le sens où elles ne requièrent pas la consensualité.

L'autisme, forme de psychose extrêmement précoce, a des conséquences déficitaires. On constate des troubles du développement intellectuel avec, en particulier, un retard des acquisitions. Certains dénomment, pour cette raison, les psychoses précoces, psychoses pseudo-déficitaires. Il est nécessaire que les prises en charge aient lieu le plus précocement possible, afin de profiter de la grande évolutivité des bébés, sinon on constate même chez les enfants, dans ces pathologies graves, une relative stabilité du syndrome.

2. Les psychoses symbiotiques

Des psychoses plus tardives apparaissent vers l'âge de 6 à 9 mois, période au cours de laquelle commencent les relations objectales totales, moment où le bébé différencie les personnes de son environnement et repère les étrangers, ce qui est le signe de sa capacité grandissante à se différencier lui-même des autres. Face à des étrangers, de nombreux bébés donnent des signes de détresse.

Avec la marche, l'exploration du monde, la capacité à s'éloigner, le développement des processus psychiques, l'enfant prend plus nettement conscience de sa séparation d'avec sa mère et du risque de la perdre, ou plutôt de perdre ce qu'il croyait encore un peu faire partie intégrante de lui. Il s'agit là d'une période critique dans le processus de séparation/individuation défini par M. Mahler. Le processus normal de séparation/individuation se situe, ainsi que le formule Mahler (1965, 1968), au moment où l'enfant est prêt, de par son développement, au fonctionnement autonome et y prend plaisir. La notion d'individuation rend compte de l'investissement progressif des fonctions du moi : l'évolution de l'autonomie, de la perception, de la mémoire, de la cognition, de l'épreuve de réalité.

La notion de séparation renvoie à l'évolution de la relation d'objet et donc aux processus de différenciation, de distanciation, de formation des limites.

Vers 1 an et demi, se déroule la période charnière, la période dite des essais suivie de celle du rapprochement, qui rendent compte à la fois de l'investissement du monde et de l'inquiétude qui en découle. La prise de conscience de la séparation devient de plus en plus précise. La mère reste indispensable comme point fixe, point d'attache, de recharge. Des troubles peuvent apparaître après un début de développement apparemment normal. Contrairement à certains présupposés éducatifs, moins la phase symbiotique aura été satisfaisante, plus grande sera la crainte de perdre l'objet. Les réactions à la séparation peuvent être extrêmes : peur panique, colère violente, comportements destructeurs. M. Mahler préfère parler de « réactions à la séparation » plutôt que d'angoisse à la séparation, réservant le terme d'angoisse à un processus normal.

Dans les psychoses dites symbiotiques, il y a fixation à une phase symbiotique pathologique. Les confusions soi/non-soi sont prégnantes et soulèvent des angoisses massives.

L'objet, qualifié de transitionnel par D. W. Winnicott (1971), aide habituellement l'enfant à passer de la symbiose à la mère à la séparation, sans violence. Cette fonction, l'objet transitionnel peut l'assurer, parce qu'il se situe, comme l'indique Winnicott, dans l'aire intermédiaire d'expérience :

> [...] entre le pouce et l'ours en peluche, entre l'érotisme oral et la véritable relation d'objet, entre l'activité créatrice primaire et la projection de ce qui a déjà été introjecté, entre l'ignorance primaire de la dette et la reconnaissance de celle-ci [Dis : « Ta »].
>
> D. W. Winnicott, *Jeu et Réalité*, 1971, trad. fr. 1986, p. 8.

Quand l'angoisse est trop massive, que les relations entre mère et enfant sont trop conflictuelles, déroutantes pour l'enfant, ou peu affectisées, l'objet potentiellement transitionnel ne peut remplir sa fonction, et certaines dérives psychopathologiques sont possibles :

– soit le développement de l'enfant ne lui permet pas de jouir de cet état de transitionnalité, la séparation ne peut s'opérer. Il n'y a alors pas d'autre objet réellement investi que la mère elle-même, et la séparation n'est pas achevée, l'angoisse dépressive pas assumée. En l'absence de la mère, l'objet utilisé est alors dit consolateur en ce qu'il perd son caractère de transitionnalité. C'est souvent le cas pour les enfants qui présenteront une pathologie limite (*cf.* chap. 3) ;

– soit, dans certains cas de pseudo-indépendance, où une bonne séparation avec introjection de l'objet maternel n'a pu avoir lieu, certains objets sont utilisés à des fins de maîtrise et peuvent s'inscrire dans le déni de la séparation. Plus tard, ces objets peuvent devenir des objets fétiches dans la perversion ;

– soit, comme dans les pathologies autistiques, aucun objet n'est investi en propre, et l'enfant s'accroche à des objets durs interchangeables qu'il investit du fait de leurs caractéristiques purement sensorielles. Il s'agit d'objets autistiques (Tustin, 1984).

À la différence de ce qui se joue dans l'autisme, le bébé différencie déjà l'objet partiel mais n'assume pas la rupture de l'illusion fusionnelle. Il n'a pas élaboré une image interne susceptible de l'aider à assumer la séparation, celle-ci étant ressentie comme perte d'une partie intégrante du moi, menace d'annihilation. Les ressentis de fragmentation, de dispersion sont prégnants et angoissants. Cette pathologie traduit l'inachèvement du sentiment d'identité individuelle, la mauvaise qualité de la peau psychique.

Chapitre 3

L'enfant

I. LES PROCESSUS DU DÉVELOPPEMENT NORMAL

Ce chapitre consacré à l'enfant couvre une période extrêmement large qui va de l'âge de 18 mois à l'adolescence. C'est dire si les étapes, les conflits, les crises que va traverser l'enfant, seront multiples et essentiels.

Freud subdivise cette période du développement psycho-sexuel de l'enfant, en deux stades libidinaux prégénitaux : au stade oral vont succéder le stade anal et le stade phallique. Les processus structurants de la crise œdipienne suivront et transformeront l'organisation psychique. Quant à la période de latence, elle se révélera essentielle pour les acquisitions et la préparation de la puberté. Pour faciliter le travail de repérage théorique aux étudiants, nous maintiendrons, en la modulant, cette subdivision.

Mais la génitalité semble déjà bien présente à tous les « stades prégénitaux », ce qui amène Florence Guignard (1993, pp. 1691-1692) à déclarer que Freud, lorsqu'il révéla au monde le scandale de la sexualité infantile, ne put éviter de répéter inconsciemment une partie de son propre refoulement de cette sexualité scandaleuse.

II. L'EXPÉRIMENTATION DE DIVERSES MODALITÉS DE RELATIONS À L'OBJET ET À SOI

1. Le processus de séparation et d'individuation

On a vu que le processus de séparation et d'individuation, selon M. Mahler, se développe de 3 mois à 3 ans. Il se poursuit donc durant la petite enfance, du stade orale au stade anal, si l'on suit la description de M. Mahler. En fait, il s'agit d'un processus beaucoup plus large, non limité dans le temps, qui se poursuit tout au long de la vie. Il se remobilise lors de conflits et de crises traversés tout au long de l'enfance et de l'adolescence. La capacité à assumer plus ou moins bien la séparation, l'individuation, se manifestera dans les modes de relations d'objet instaurés par l'enfant et sa capacité à investir ses fonctions du moi (apprentissages par exemple).

Durant la petite enfance, on continue à assister à ces mouvements contradictoires d'oscillation entre accrochage et indépendance, accentués par les processus spécifiques à l'analité. Les mouvements psychiques de rapprochement sont fortement marqués par l'ambivalence et caractérisés par ce double mouvement simultané qui consiste à repousser la mère tout en s'accrochant à elle. L'inquiétude du petit enfant face au double désir de prendre sa liberté, de s'éloigner, et au risque concomitant d'y perdre sa relation à sa mère, est particulièrement vive.

La période qui concerne plus spécifiquement l'enfance, toujours dans la description de M. Mahler, est celle de la consolidation de l'individualité et du début de la permanence de l'objet émotionnel. Au cours de la troisième année, l'enfant atteint un sentiment stable d'identité qui conduit à la réalisation de la permanence de l'objet. Cela implique :

– le maintien de la représentation de l'objet absent ;

– l'unification du bon et du mauvais objet en une seule représentation globale.

On pourrait dire, bien que M. Mahler ne fasse jamais intervenir les références kleiniennes, que le travail psychique lié à la position dépressive sort renforcé de la crise créée par le processus de séparation/individuation, processus qui intègre les plaisirs liés à l'analité et à la génitalité. La substitution à la mère d'une image intérieure stable et fiable est possible. Cette quatrième sous-phase ne connaît pas de fin.

Quand le développement se passe sans encombre notable, on peut alors noter l'apparition du « je », le développement du langage, la capacité à fonctionner sans la présence physique d'un personnage parental, l'acquisition du sens de la temporalité et des relations spatiales. L'intégration de la séparation, de l'espace, la mise en place d'une aire transitionnelle, aire de jeu, de créativité, sont acquises.

2. L'analité comme exploration des liens moi/objet : l'expulsion et la rétention

Les processus de l'analité, puis la période phallique qui suit, sont les moteurs de multiples changements extrêmement rapprochés, qui passent par :

– une période marquée par le contrôle de plus en plus grand, exercé par l'enfant sur son évacuation sphinctérienne, par sa motricité et une relation d'objet ambivalente ;

– une période durant laquelle le champ des investissements de l'enfant s'élargit ; la zone érogène dominante devient la zone génitale, ce qui prépare la crise œdipienne.

Pour saisir les processus à l'œuvre dans la psychopathologie des enfants, il s'avère donc indispensable de réfléchir à ce qui se joue dans ce qui me paraît être un second mouvement d'intégration de la peau psychique.

Le cheminement du liquide dans l'espace interne du corps, dans l'ensemble du tractus digestif, produit une sensation de continuité entre les orifices buccal, urétral, anal. Les tétées, suivies des sensations du liquide évoluant dans le corps, suivies de la sensation de réplétion et de celles issues de la production de selles, chez les jeunes bébés, font des deux orifices du bas du corps, des orifices déjà investis dès les premiers jours de la vie. Les protoreprésentations initiales s'imbriquent, se prolongent ou modifient celles qui s'organisent avec le contrôle de la motricité. Les sensations spatiales, haut et bas du corps, dedans/dehors, et la durée temporelle (ingestion, digestion, excrétion) s'inscrivent dans une rythmicité.

Au cours de la seconde et de la troisième année, l'intérêt, le plaisir, l'inquiétude portés à l'évacuation et au contrôle sphinctérien, anal et urétral, sont extrêmes. On a vu que l'oralité est déjà infiltrée d'éléments qui appartiennent à l'analité : dévoration, captation, convoitise, impliquant l'idée de maîtrise, d'emprise.

Là, plus activement encore, l'enfant peut décider de pousser, d'évacuer ou de retenir ses selles, son urine, et de vérifier ainsi le lien existant entre le plaisir sexuel et l'exonération. Cet ensemble de comportements volontaires, de choix, de possibles jeux relationnels provoqués par ses actes contrôlés, lui procure un extrême plaisir et mobilise de multiples inquiétudes. Dans la relation à sa mère, aux parents en général, l'éducation sphinctérienne mêle intimement plaisir, tendresse et agressivité. Les pulsions agressives semblent trouver là une voie royale d'expression.

K. Abraham (1924) distingue deux tendances psychiques associées au stade sadique/anal : la plus précoce est la plus hostile à l'objet : détruire/perdre sont deux mouvements essentiels marqués de projection, de rejet, de haine. Le plaisir tiré du mouvement d'expulsion se retrouve aussi bien dans les activités motrices (garder/jeter, mordre/cracher, retenir/lâcher) que dans les jeux langagiers (productions sonores contenant des consonnes explosives et glottiques « p », « t », « k », à l'œuvre dans une exploration de mieux en mieux contrôlée des organes de phonation et dans une intentionnalité expressive et émotionnelle).

Lors de cette première phase, les matières fécales, issues du corps, représentent plutôt un objet détruit et expulsé. Lors de la seconde phase, les mouvements essentiels sont de l'ordre de retenir/donner. Les matières fécales, issues du corps, représentent plutôt une possession, un cadeau fait à la mère dans une véritable relation d'amour. C'est dans ce second contexte que l'on peut considérer, comme le propose M. Fain, que les selles, dans la relation à la mère, constituent le premier espace transitionnel.

Jean Bergeret (1995) reprend les deux « sous-stades » anales de K. Abraham et rend compte de l'importance du travail psychique accompli par l'enfant. L'étape évolutive qui correspond, en particulier, à ce que l'on définit comme constituant le « second sous-stade anal », semble beaucoup plus marquée par un narcissisme positif, et en cela séducteur, que par les aspects violents et défensifs qui prédominaient à la période orale et encore en partie au premier sous-stade anal. Il s'agit ici d'une double intériorisation : celle de l'objet ayant acquis un statut narcissiquement bénéfique et celle d'une maîtrise intérieure des dynamismes violents, dans leur versant destructeur. Cette dernière capacité constitue donc une sorte de pare-excitations devenue intériorisable, ce qui représente une étape capitale en tant que début de maturation affective déjà possible, au moins au registre narcissique, au moment où l'œdipe doit devenir organisateur de l'ensemble de la personnalité.

Sur le plan psychique, l'analité manifeste l'aptitude du sujet à posséder un contenant suffisamment étanche pour être capable de gérer le système d'ouverture et de fermeture du moi vis-à-vis du monde extérieur. C'est, en quelque sorte, le moment d'achèvement de la mise en place d'un moi-peau fiable. L'expérience de la perte des contenus corporels constitue une sorte d'éprouvé et d'expérience élaboratrice de la séparation. En ce sens, on peut comprendre, me semble-t-il, la remarque de D. Meltzer faisant du contrôle des orifices une forme d'intégration de la fonction paternelle. L'insight s'installe avec la différenciation entre les perceptions en provenance de l'intérieur et celles en provenance de l'extérieur. En cette période, cruciale pour la construction de l'identité, pour la délimitation d'un moi de plus en plus précis, plus fort, l'enfant découvre petit à petit ses limites, mais aussi ses possibilités accrues de prise sur la réalité extérieure. Cependant, son moi demeure encore en grande partie dominé par un moi idéal, mégalomane et narcissique, où la pensée magique est très puissante.

Discipliner l'évacuation sphinctérienne, c'est être à même de contrôler l'intense angoisse véhiculée par l'évacuation, lâcher de sa toute-puissance, accepter d'obéir à la mère, accepter la frustration, l'attente, faire un cadeau d'une part complexe de soi-même. Retenir ses selles, c'est à la fois s'opposer à la mère et ne pas supporter la frustration, ainsi que le principe de réalité qui y est associé. La castration anale se manifeste par l'acceptation de perdre la maîtrise. La castration anale participe à la résolution du complexe d'Œdipe et à la mise en place de la position dépressive.

Dans l'analité, contrairement à ce qui se joue dans l'oralité, l'investissement libidinal est détaché d'une relation indispensable à l'objet externe et dépend de la propre mobilisation musculaire du sujet. Elle se prête donc tout à fait à l'auto-érotisme.

Chez Freud (1905), les relations d'objet, massivement inscrites dans la double polarité activité/passivité, domination/soumission, sadisme/masochisme, tendresse/hostilité, se réfèrent aux couples opposés de pulsions partielles, dont résulte l'ambivalence affective.

Les processus et les angoisses à l'œuvre, le besoin de l'enfant de contrôler la proximité relationnelle, de façon parfois omnipotente, peuvent mobiliser chez lui des confusions entre nourriture et excrément, si ses premières interrelations ont été difficiles. C'est souvent le cas quand la bouche a déjà été investie sur un mode éliminatif, expulsif (vomissements psychogènes), ou rétentif (anorexie).

L'attitude attentive de la mère, des parents, leur participation non intrusive à une expérience partagée, témoignent de leur stabilité interne, de leur capacité à revivre à travers leur enfant des processus parfois douloureux. L'expulsion et la rétention sont des plaisirs nécessaires, qui favorisent des confirmations narcissiques, nécessaires à l'enfant, afin que ses pulsions s'intriquent et qu'il puisse s'identifier à l'objet.

3. Le recours à des fantasmes d'omnipotence : la période phallique

La reconnaissance de la différence des sexes se précise. La zone génitale devient la zone érogène dominante, quoiqu'elle soit déjà, depuis le début de la vie, le siège d'excitations agréables.

Les liens existants, entre ce début du stade phallique et les expériences antérieures, sont extrêmement diverses et diffuses.

Des comportements de type masturbatoire et d'exploration de leur corps sont présents chez les bébés qui bénéficient d'un bon climat familial, alors qu'ils sont absents chez les bébés carencés. Cette masturbation régresse vers les 2 ans pour réapparaître au début du stade phallique.

Après K. Abraham (« Lettre à Freud », 1924), Jacqueline Schaeffer (1995, p. 3) insiste sur le fait que la proximité du vagin et du rectum, chez la petite fille et chez la femme, favorise la migration des sensations voluptueuses de part et d'autre d'une paroi particulièrement sensible, puisque tapissée des deux côtés par des muqueuses.

Dans cette période, l'enfant est activement à la découverte de son corps sexué. Freud a qualifié ce stade de phallique, en prenant pour modèle le petit garçon. Cette appellation est en partie issue d'une méconnaissance : il imaginait que la petite fille ne soupçonnait pas l'existence de la cavité vaginale et que le siège des excitations agréables ne proviendrait que du clitoris, « équivalent » anatomique du pénis. Cela est bien sûr remis en question. Pour simplifier, disons qu'actuellement, sous cette dénomination, on rend compte d'un mode d'organisation infantile de la libido, caractérisé par une unification des pulsions partielles sous le primat des organes génitaux. L'opposition des sexes s'effectue dans le sens de l'opposition phallique/châtré. Le phallus est à distinguer du pénis, désignant l'organe mâle. Dans la terminologie psychanalytique, le terme de phallus symbolise la puissance, l'autorité, la fécondité…, mais de façon un peu magique, toute-puissante.

4. Les conflits associés à la triangulation œdipienne

Le stade phallique conduit à une nouvelle forme de relation d'objet qui caractérise la période œdipienne. L'enfant devient plus attentif aux liens existants entre ses parents, et la relation se triangularise.

Le schéma prototypique du complexe d'Œdipe rend compte de la situation suivante : l'enfant ressent des désirs amoureux envers le parent du sexe opposé.

Chez le garçon, le premier objet d'attachement libidinal est associé au parent du sexe opposé au sien. L'angoisse de castration et les fantasmes de menaces paternelles suivraient. L'enfant craint que son père ne se venge de son désir de lui voler sa femme et aussi qu'il ne le punisse de ses attouchements sexuels. La punition serait la castration, la perte de la puissance et de la capacité de devenir un adulte capable de procréer, de s'imposer dans son identité sociale et sexuelle.

Chez la fille, le premier objet d'attachement libidinal n'est pas associé au parent du sexe opposé. Elle doit se détourner de sa mère pour aller vers son père. Chez elle, selon Freud, le complexe de castration prépare l'apparition du complexe d'Œdipe au lieu de le résoudre. Freud suppose que ce serait la déception relative à l'absence de pénis chez elle et chez la mère qui l'amènerait à se détourner de sa mère pour rêver d'obtenir un pénis de son père, rêverie associée au désir d'obtenir un enfant du père. Le complexe de castration, dans d'autres modalités, est tout aussi prévalent pour la fille que pour le garçon. À la puberté, le processus lié à la reconnaissance de la différence des sexes est très différent : le choix de l'identité sexuelle s'imposera alors de façon incontournable.

L'œdipe se définit comme un organisateur de la vie psychique (dans sa structure et dans ses perspectives), comme une trame qui se fonde sur la double évidence (consciente et inconsciente, individuelle et familiale) de la différence des sexes et de la différence des générations. Paul-Claude Racamier (1995) considère que là où l'œdipe a pris racine, il n'y a pas de place pour l'incestuel. Par là, il entend ce qui relève non pas du fantasme mais du non-fantasme, de l'équivalent de l'inceste, sans qu'il y ait toutefois de passage à l'acte. Dans les familles incestuelles, les ascendants et les descendants se confondent, les enfants sont utilisés à des fins purement narcissiques. Aussi l'incestualité serait-elle fondamentalement un obstacle à toute possibilité de fantasmer, à toute intériorité.

Lorsque le milieu familial n'est pas pathogène, que l'enfant n'est pas trop envahi par l'angoisse, la destructivité, l'envie, le moi se consolide à l'aide du jeu des identifications complexes aux parents. Ces identifications sont dites secondaires, œdipiennes par rapport aux identifications plus précoces. Les mécanismes de défense se complexifient parallèlement : le clivage et la projection sont moins massivement présents, le refoulement, le déplacement, les formations réactionnelles, la sublimation, etc., prennent le relais. En raison des identifications, le surmoi se différencie avec l'intériorisation du complexe d'Œdipe. Il s'agit d'un surmoi moins féroce que le surmoi primitif. Il rend compte de l'intériorisation des interdits parentaux, il est source de culpabilité en cas de transgression de ces interdits. Selon Freud, il ne se forme pas à l'image des parents mais à l'image de leur surmoi, et représente par là même les jugements qui subsistent à travers les générations. Le surmoi est défini par Freud comme l'héritier du complexe d'Œdipe. Il est à l'origine de la conscience morale, de l'auto-observation, de l'auto-jugement, de la formation d'idéaux. Parallèlement, l'idéal du moi, « résultat de la convergence narcissique (idéalisation du moi) et des identifications aux parents idéalisés » (dans J. Laplanche et J.-B. Pontalis, *Vocabulaire de la psychanalyse*, 1967, PUF), constitue un modèle intérieur auquel le sujet cherche à se conformer. S'il y a une relative adéquation entre l'idéal du moi et le comportement du sujet, un narcissisme de bon augure se met en place. Si l'écart est trop grand, l'enfant est en proie à un sentiment d'infériorité ou/et à un délire des grandeurs.

Cette période, incluant et transformant les autres, est constitutive des traits de l'organisation ultérieure prévalante : névrotique, perverse, psychotique. On voit à quel point chaque mode d'investissement libidinal prévalant est partiellement intriqué à l'autre, préparé par le mode d'investissement libidinal précédent. Des difficultés relationnelles et intrapsychiques peuvent avoir pour conséquence des points de fixations, de régressions, des arrêts de développement généralisés ou touchant particulièrement certains domaines. Dans ce dernier cas de figure, un développement hétérogène de la personnalité est possible.

5. La latence : temps de perlaboration

L'enfant sort de la crise œdipienne pour entrer dans une période d'apparente moindre poussée instinctuelle. Cette période de sexualité à bas bruit, qui s'origine dans le déclin du complexe d'Œdipe, est appelée phase de latence. Il ne s'agit pas d'une nouvelle organisation de la sexualité mais d'un temps de possibles expériences élaboratrices. La latence apparaît comme une période de transition entre la sexualité infantile et le début de la puberté. Pour l'enfant, c'est la période durant laquelle il se sent le plus disponible pour des investissements sociaux, scolaires, intellectuels. Il est nécessaire, pour ce faire, qu'il est atteint une certaine unité psychique. L'existence de conflits non élaborés peut être source d'inhibition, ce qui est souvent le cas pour des enfants trop carencés, des enfants présentant une pathologie limite, une psychose. L'enfant trop pris dans l'excitation sexuelle (masturbations compulsives, sexualisations des relations objectales et des affects, etc.) signale la fragilité de son moi, l'impossibilité de se créer des défenses solides capables de le protéger et de lui permettre d'autre formes d'investissement (refoulement, déplacement, rationalisation, sublimation, formations réactionnelles).

Pour Freud, si l'absence de la latence est dangereuse, une latence trop massive l'est aussi. On peut d'ailleurs constater que le refoulement est loin d'être total : les zones érogènes conservent leur intérêt, les activités sexuelles ne disparaissent pas, mais diminuent ou sont plus socialisées (jeu du papa et de la maman, jeu du docteur, etc.). Des sentiments signalent le contre-investissement de l'analité : la pudeur, la honte, le dégoût se manifestent mais, dans le même temps, la curiosité concernant la naissance, le rôle des parents, l'intérieur du corps se précisent. L'enfant continue de se créer un certain nombre d'hypothèses qu'il met à l'épreuve dans ses recoupements, ses observations, ses souvenirs, ses discussions avec ses pairs, ses questionnements avec des adultes.

La latence est, par excellence, la période d'investissement des relations interpersonnelles, d'apprentissage de la vie groupale, sociale. Les enfants s'intéressent et s'attachent à d'autres adultes que leurs parents, maître, parents d'autres enfants. Ils s'appuient alors sur leurs imagos, sur leurs premières interrelations réelles et fantasmatiques avec l'entourage familial (Kaës, 1976, p. 80). Ils comparent et confrontent leur fonctionnement psychique à celui d'autres enfants. Mais, c'est l'adaptation de l'enfant aux lois du monde, son acceptation grandissante du principe de réalité, de la frustration dépassable, qui est spécifique à la période de latence. Il s'agirait, comme l'indique E. Erikson (1950, 1968), d'un prolongement de la tendance naturelle de l'enfant à inventer par le jeu et à apprendre à faire ce qu'il doit faire en faisant ce qu'il aime faire. Le rôle des interrelations permet ou entrave un dynamisme interne propre à l'enfant. Les parents, les maîtres doivent être des figures fiables, proposant des modèles d'identifications positifs, favorisant chez l'enfant un sentiment de compétence. Ainsi, ils limitent ou évitent les graves dangers de cette période qu'E. Erikson définit comme des menaces pour le développement du sentiment d'identité, soit du fait de l'inscription de l'enfant dans un conformisme étroit, soit en le positionnant dans un sentiment infantile d'inadéquation et d'infériorité, qui le désespérerait, mutilerait son moi. Le groupe de pairs, si important à la période de latence, fournit d'autres modes d'expérimentations sociales, favorise le détachement d'avec la famille. Il est une sorte de « répétition générale du passé et une préfiguration de l'avenir qu'aura à vivre l'adolescent » (Kaës, 1976, p. 86).

Les inhibitions sociales, relationnelles, intellectuelles sont des signes importants à cette période de la vie de possibles entraves au développement harmonieux de la personnalité. F. Guignard (1992, 1993) pense que la pauvreté de la fantasmatisation au cours de la période de latence, chez des enfants présentant un quotient intellectuel normal, constitue un indice de pathologie à prendre au sérieux. Cette carence fantasmatique, à la période de latence, est l'expression du soubassement défensif de névroses infantiles graves que l'on peut observer ultérieurement chez l'adolescent puis l'adulte. Quelque chose s'est passé, qui a châtré le désir de connaître chez ces enfants. À partir de son travail avec les enfants souffrant de débilités légères, elle considère que la débilité mentale légère peut constituer un rempart, parfois fragile, contre une psychopathologie délirante d'ordre schizophrénique : il s'agit d'être bête pour ne pas être fou…

Quand l'enfant évolue sans crise trop forte, les contacts sociaux s'élargissent avec l'entrée à l'école et provoquent de nouvelles identifications qui transforment, nuancent les précédentes. Les relations d'objet se diversifient. La relation aux parents se désexualise graduellement. Les sentiments hostiles s'atténuent, la tendresse se manifeste sans culpabilité.

Cette période permet un renforcement du moi. Le principe de réalité se consolide, la frustration est de mieux en mieux tolérée. Le surmoi comme l'idéal du moi s'enrichissent, se précisent.

James Gammill et Cléo Athanassiou (1982, p. 163) insistent sur le fait qu'une véritable période de latence est l'aboutissement de tout un processus psychique de développement, dans le cadre de relations d'objet suffisantes en qualités et en quantités. Les représentations de mots, si nécessaires pour mener à bien un travail de deuil, dépendent de l'élaboration psychique de toute une série de pertes partielles durant les cinq ou six premières années, qui inclut sevrage oral, sevrage des soins anaux, des soins corporels, renoncement aux objets œdipiens, etc. J. Gammill (1998, p. 204) souligne que pour Freud, on trouve, chez les hystériques, un escamotage du travail psychique autour de l'intégration de l'analité, et que pour M. Klein, la fuite en avant dans la génitalité est une manœuvre défensive.

III. LES DIVERSES EXPRESSIONS DU MAL-ÊTRE DE L'ENFANT

1. Les troubles des acquisitions

Les troubles des acquisitions, surtout à partir de l'entrée à l'école maternelle, sont les troubles psychopathologiques qui mobilisent le plus les familles pour des consultations (retard du langage, des prérequis scolaire, difficultés à mémoriser, à lire, à s'organiser pour une tâche, etc.).

Les cas extrêmes d'enfants surdoués pris pour des débiles en raison de leurs mauvais résultats scolaires, de leurs difficultés d'adaptation, de leur inhibition dans l'utilisation de leur intelligence, sont certes à prendre en compte. Cependant, nous aborderons plutôt ici les processus « déficitaires » qui rendent impossibles ou difficiles les acquisitions.

• Les déficiences intellectuelles

Longtemps, le diagnostic d'arriération mentale, de débilité mentale s'accompagnait de qualificatifs « éducables », « semi-éducables », « non éducables », qui décourageaient *a priori* tout travail éducatif en ce qu'ils étaient perçus comme des pronostics incontournables, du fait d'une étiologie organique imposée par la nature, par l'hérédité.

On répertorie essentiellement trois facteurs étiologiques des déficiences intellectuelles :

– les *facteurs organiques* : aberrations chromosomiques (trisomie 21...), maladies métaboliques (sclérose tubéreuse de Bourneville...), souffrances cérébrales néonatales (traumatisme obstétrical, prématurité importante...), atteintes postnatales (méningites, encéphalites, déshydratations graves...) ;

– les *facteurs psychosociaux* : carences graves de soins maternels, carences de stimulations du milieu ou stimulations inadaptées, perturbations affectives graves. On qualifiait autrefois, de « pseudo-débilité », de fausse débilité, les arriérations liées aux facteurs psychosociaux. Une telle dénomination impliquait que la débilité « vraie » serait d'origine organique exclusivement. On verra qu'il n'en est rien ;

– les *facteurs psychopathologiques* plus ou moins graves : il a fallu longtemps pour se rendre compte que nombre de débiles mentaux des hôpitaux psychiatriques étaient d'anciens enfants autistes et psychotiques qui n'avaient pas eu accès à un travail thérapeutique. Par ailleurs, on sait à présent que nombre de déficits, de difficultés scolaires sont l'expression de conflits non dépassés, d'angoisses impensables qui appartiennent aux domaines des états limites.

Dans certaines psychoses de l'enfant et dans l'autisme précoce, on devrait, selon S. Lebovici (1984, p. VII), parler de potentiel oligophrénisant. Certaines dysphasies ou dyspraxies sont mobilisées par un potentiel psychotique. Les dysharmonies évolutives graves ou les prépsychoses de l'enfant présentent toujours des troubles de la série cognitive.

Les recherches actuelles montrent que, quelle que soit l'étiologie, les conditions de développement proposées à l'enfant auront une influence majeure sur son développement intellectuel à venir. Les déficiences intellectuelles ne peuvent être réduites à une cause unique. Les facteurs organiques, relationnels, sociaux, psychodynamiques, interagissent entre eux.

Actuellement, on différencie déficience mentale profonde, déficience mentale moyenne et déficience mentale légère (que nous aborderons ci-après).

Dans le premier groupe (déficience mentale profonde), on rassemble des sujets atteints d'handicaps multiples, restreignant leurs capacités d'autonomie et d'efficience. Le pronostic dépendra à la fois des lésions organiques, des traits psychopathologiques, de l'environnement éducatif et affectif.

Dans le deuxième, les déficiences mentales moyennes, plus nombreuses, demandent une pédagogie appropriée. Le sujet fonctionne souvent au seul niveau de la pensée concrète. Il s'agit fréquemment de « dysharmonies évolutives » qui se caractérisent par le caractère répétitif des raisonnements et des conduites, selon des stéréotypes peu mobilisables. Néanmoins, des travaux (Paour, 1979) montrent la possible modification de ce fonctionnement à partir de techniques d'apprentissage opératoires.

Roger Misès et Roger Perron (1995, p. 1546) confirment, à l'appui de multiples recherches actuelles, que les déficiences ne sont jamais réductibles à une causalité unique. Même lorsque les facteurs organiques sont indéniables, on ne peut les concevoir sous l'angle limité du dysfonctionnement neurobiologique : ils entraînent des perturbations relationnelles graves dès les premières relations mère/bébé – comme on l'a vu en parlant du système interactif mère/bébé/environnement et avec la notion de résilience. Des effets s'en suivront aussi bien au niveau de l'évolution des pulsions, que de l'accès au processus d'individuation, de l'élaboration de la fonction symbolique, de l'accès au langage, etc.

La reconnaissance de la multiplicité des causes et de l'évolutivité des processus ouvre des perspectives préventives et curatives.

• Les difficultés scolaires

Très souvent, les troubles de l'apprentissage chez l'enfant révèlent la fragilité d'un moi immature, d'un manque de refoulement, d'une latence non efficiente : l'enfant devant des tâches scolaires se retrouve face à des conflits non neutralisés. Soustraire ou diviser réactive leurs désirs agressifs vis-à-vis de la fratrie ou d'un membre de la famille ; multiplier, associer des lettres entre elles, des majuscules avec des minuscules, mobilise des fantasmes de scènes primitives... L'apprentissage devient l'espace où se jouent des conflits intrapsychiques inconscients et où des angoisses multiples entravent les processus d'acquisition. C'est le cas de nombreux échecs d'enfants intelligents.

Ces troubles peuvent être aussi le signe de fragilités narcissiques : l'enfant ne peut assumer les idées de l'échec, de la compétition qui les feraient ne pas être les meilleurs. Apprendre peut représenter en soi une blessure narcissique. Travailler pour apprendre est inacceptable, il faudrait tout savoir déjà, savoir de façon quasi magique.

Dans tous ces cas, il peut s'agir d'échecs « névrotiques », qui font appel à des fantasmes de type œdipien. Mais ces troubles peuvent être aussi liés à un fonctionnement dysharmonique de l'enfant : certaines zones de l'activité cognitive s'avèrent défectueuses, comme si, dans certains secteurs, les structures mêmes de la pensée étaient en cause. Bernard Gibello (1994, p. 12) indique l'intérêt d'opposer contenant de pensée à contenu de pensée en utilisant le modèle de W. R. Bion entre pensée et appareil à penser les pensées. Sur ce modèle, les contenus de pensée se modifient à partir des contenants de pensée, qui leur servent de cadre et de limites et dont ils tirent leur valeur significative.

La dichotomie entre troubles intellectuels et troubles affectifs, comme on le voit, est insoutenable dans la majorité des cas, même si, bien sûr, un dysfonctionnement intellectuel peut être le signe d'une lésion cérébrale, d'un traumatisme crânien, d'une malformation de l'encéphale, d'une infection méningée, etc.

La problématique de la perte, du deuil, de l'intériorisation et donc de la séparation d'avec l'objet est centrale. Ce n'est certainement pas un hasard si M. Mahler (1942), qui s'est intéressée aux entraves du processus de séparation/individuation, s'est interrogée aussi sur la compréhension d'un syndrome déficitaire intellectuel. Pour une part importante, des troubles graves psychopathologiques s'expriment aussi de manière symptomatologique sur ce versant des troubles cognitivo-intellectuels.

La notion de conservation, indispensable pour les acquisitions, nécessite que la notion de permanence de l'objet soit acquise. Abandonner une idée pour en aborder une autre, ne pas coller à une pensée, prendre le risque de la laisser de côté sans la perdre, accepter la coexistence de deux pensées, les lier, tout cela indique l'intégration des limites soi/autre, l'acceptation de la séparation, la non-équivalence séparation/perte.

Chez certains enfants, la fragilité de leur sentiment d'existence, de leur peau psychique ne leur permet pas d'assumer la perte. Ainsi, en particulier, l'entrée en sixième peut être problématique pour eux, car la perte est plus associée à un fond matériel immuable qu'à une relation. Devoir changer de salle de classe les handicape du point de vue des acquisitions : les contenants psychiques, encore insuffisamment intériorisés, se désorganisent, lorsque le fond matériel, sur lequel se détachent les contenus de pensée, se modifie (Berger, 1997, p. 42).

• Les modes d'apprentissages pathologiques

Pour aborder les problèmes d'acquisition dans une approche psycho-dynamique, on peut dire, qu'en fonction de ses modes d'identifications, de ses processus défensifs majoritairement à l'œuvre, l'enfant utilise plutôt tel ou tel mode d'acquisition. L'intérêt de cette approche psycho-dynamiques des modes d'acquisitions est de saisir l'intérêt et la portée d'un travail pédagogique et thérapeutique simultanés. Ce travail dynamique peut permettre d'éviter que se mettent en place des débilités légères, voire profondes, chez les enfants manifestant des troubles psychopathologiques. De plus, ces recherches permettent d'adapter, en tenant compte et de leurs déficits et de leur modalité de pensée, les modes d'apprentissages aux déficiences des enfants dont l'étiologie est majoritairement organique.

D. Meltzer et Martha Harris (1981) différencient six modes d'acquisition des connaissances. J'exposerai essentiellement les deux premiers modes qui vont du plus primitif au plus secondarisé et qui me semblent rendre compte des contenants de pensée essentiels cadrant et colorant les contenus de pensée, permettant ou non leur véritable intériorisation.

En fonction de leur famille, de leur société, de leurs angoisses dominantes, les enfants sont amenés à recourir selon le moment, de façon prévalante, à une modalité ou à l'autre de ces formes d'acquisition. Une trop grande prévalance des modes d'acquisition par mimétisme et par identification projective, se révélera néfaste pour l'intériorisation des apprentissages.

Écholalie et échopraxie : l'apprentissage par mimétisme

Dans le mimétisme, l'enfant reprend les gestes, voire les intonations, sans intérioriser le travail psychique de celui qui agit, dans une sorte de « copie » dans l'apparence. Il y a confusion entre la partie et le tout (Berger, 1997).

> La question de l'identique qui hante ces enfants porte ici sur l'identité et non l'identification car cette dernière présuppose un minimum d'identité préalable. En l'absence de peau commune psychique, ils cherchent une peau commune physique. En l'absence d'un reflet psychique qui les unifie dans le regard d'autrui, ils quêtent parfois avec acharnement un modèle corporel littéral. Ce n'est que sur la présentation de ce fond commun que pourront se développer les premières relations échopraxiques et échomimiques (Anzieu, 1984). Le dédoublement ne peut s'installer que sur un fond d'unicité.
>
> M. Berger, Les Troubles du développement cognitif,
1997, p. 52.

Cette modalité très primitive de l'apprentissage mimétique, en écholalie, en échopraxie, est fréquente chez les enfants autistes et psychotiques.

Il existe chez l'enfant normal un mode analytique et un mode global (style Gestalt) d'acquisition du langage. B. Prizant rapproche le style Gestalt de la communication autistique dans l'écholalie. Cette communication ne tient pas compte des aspects analytiques du langage. L'écholalie différée semble résulter d'un effort pour rapporter des formes complètes qui ont été entendues précédemment dans des situations similaires. L'hypothèse d'un relais possible, entre écholalie et langage spontané, est confirmée dans la clinique : à partir d'écholalies, les interactions ont permis d'entrer en relation avec ces enfants dans un processus thérapeutique. On s'est rendu compte de l'intérêt, avec des enfants très perturbés, de les accompagner en écho pour les soutenir, et peut-être aussi, en partie, de leur renvoyer un certain reflet de leurs actes ou de leurs vocalises.

Ce mécanisme correspond à ce qui a été décrit par D. Meltzer (1975), lorsqu'à propos de l'autisme, il rend compte du fantasme qui consiste à coller à la surface des objets extérieurs afin de lutter contre l'angoisse de précipitation. L'identification dite adhésive se fait avec les qualités superficielles et visibles de l'objet, mais non avec ses facultés intellectuelles ou sa personnalité.

C'est sur ces processus que s'appuient les méthodes d'acquisitions comportementalistes. Dans cette perspective, la question se pose de savoir si, dans l'après-coup, des apprentissages de type comportementaliste, vides de sens pour celui qui les exécute, vont tout de même faciliter des voies d'accès à la compréhension de ce qui les anime, lorsqu'ils s'inscrivent dans une relation transférentielle importante.

G. Haag (1988) donne un exemple qui met en évidence des voies de passage de l'apprentissage par mimétisme à celui par identification projective. Il s'agit d'une enfant de 8 ans, psychotique, qui a appris à lire sur les genoux de son institutrice spécialisée, entourée de ses bras. En dehors de cette situation précise, la lecture ne semble pas possible. Dans le matériel psychothérapeutique, G. Haag peut repérer à la fois le fantasme de se vivre dans un mouvement de collage, d'adhésion au corps/tête de son institutrice et celui d'être contenue, ce qui implique l'idée que l'autre personne possède un intérieur, une pensée. Le contact œil/œil est longtemps évité par crainte que son agressivité orale et anale projetée ne lui revienne de façon rétorsive. Il s'agit peut-être d'une crainte d'avoir dérobé à son institutrice une partie de son savoir. Lorsque ses terreurs de dévoration/pénétration réciproques par le regard se sont apaisées, le processus d'introjection et d'intériorisation a été possible, et la lecture, « exportable » à d'autres situations.

L'apprentissage par identification projective

Ce mode d'acquisition des connaissances, qui vient au deuxième rang par son caractère archaïque, suppose un recours à un fantasme tout-puissant par lequel l'individu cherche à pénétrer les facultés intellectuelles et les compétences d'une autre personne, à se les attribuer. Ce processus a pour objectif de chercher à acquérir immédiatement ces aptitudes ou connaissances.

Par une identification projective avec l'objet, le sujet peut « faire semblant » d'acquérir l'attitude ou la connaissance souhaitée en *copiant* ou en *imitant* l'objet, et parvenir ainsi, dans une certaine mesure, à *reproduire mécaniquement* la technique de l'objet. Dans l'enseignement actuel, où l'on insiste plus sur l'acquisition des connaissances, sur l'application répétitive de techniques que sur les processus aidant quelqu'un à apprendre, on s'appuie beaucoup sur ce mécanisme. C'est un peu le « fais et tu comprendras » qui peut n'être souvent que répétition mais qui, pour certains, peut devenir un terrain d'expérimentation personnelle.

Lorsque le sujet s'identifie, par projection, avec un objet interne, il se croit omniscient. L'esprit critique, vis-à-vis de ses propres pensées, lui est impossible. On est dans un esprit de secte. Ce sera souvent la tentation de l'enfant très blessé narcissiquement, de l'adolescent fragile à la recherche de certitudes et de domaines de bataille.

Parvenir à se laisser traverser par ce que l'autre donne, sans trop se désorganiser, en se maintenant dan sa différence, est indispensable pour parvenir à un apprentissage de meilleure qualité.

Seul, l'apprentissage par expérience permet non seulement d'acquérir une connaissance, mais aussi de prendre conscience d'un mécanisme. Ce processus décrit par W. R. Bion implique la participation à une expérience émotionnelle qui se traduit par une modification de la personnalité. Apprendre, c'est absorber et comprendre, puisque non seulement le problème du moment est résolu (processus secondaire d'acquisition de connaissances théoriques et pratiques), mais le sujet prend aussi conscience des modes de pensée auxquels il a fait appel pour résoudre ce problème (processus primaire d'acquisition des connaissances). La relation de dépendance vis-à-vis du conseiller interne ou externe, qui joue un rôle capital dans un tel processus d'acquisition des connaissances, exige l'abandon de la position schizo-paranoïde au profit de la position dépressive.

2. Les troubles provoqués par les angoisses d'individuation et de séparation

Selon Freud (1926, p. 69), les symptômes ont pour fonction de soustraire le moi à la situation de danger. Pour Winnicott (1957, p. 146), un enfant normal est capable d'utiliser tous les moyens qui lui sont offerts pour se défendre contre l'angoisse et les conflits insupportables ; tous les moyens, y compris la bonne santé (hypermaturation fréquente chez les enfants dont les parents sont atteints de troubles mentaux majeurs, résilience d'enfants plongés dans des situations traumatiques durant de longues années, etc.).

L'anormalité se manifeste dans une limitation et une rigidité de la capacité de l'enfant pour utiliser des symptômes et une absence relative de relation entre les symptômes et l'aide qu'on pourrait en espérer. Ce ne sont pas les symptômes qui sont problématiques en eux-mêmes, mais le fait qu'ils ne font pas leur travail et se révèlent nuisibles pour l'enfant et la relation.

- **Les troubles signalant les tentatives de maîtrise de la destructivité**

Traditionnellement, l'excitation est perçue comme désorganisatrice, perturbatrice, signe de désintrication pulsionnelle. Cependant, il semble que l'excitation ait, comme les autres symptômes, un rôle défensif. Elle est plutôt associée à la pulsion de vie, au rejet de la menace associée à la dépression ou à la destructivité. Quoique gênante, il est préférable de la concevoir plutôt comme une tentative de maîtrise de la destructivité.

Les troubles du comportement

Parler des troubles du comportement chez l'enfant jeune, et *a fortiori* très jeune, est complexe. En effet, tant que l'enfant ne possède pas le langage et la capacité de prendre conscience et de communiquer ses difficultés, c'est le moyen privilégié, moins régressif que la somatisation, de manifester ses difficultés, ses angoisses. Les comportements du type agressivité, agitation, sont fréquemment à l'origine de consultations et cela d'autant plus que l'enfant grandit. Les inhibitions sont longtemps passées sous silence, mieux tolérées par l'environnement social, les familles, l'école.

Certains comportements agressifs seront considérés comme pathogènes ou non en fonction de l'âge de l'enfant. Mordre, pincer, griffer, donner des coups de pieds au-delà de 3-4 ans signale que l'enfant n'est pas parvenu à acquérir de nouveaux moyens de réagir à l'angoisse, à la peur, à l'agressivité, à la frustration. Son moi est encore immature, ses processus défensifs pas adaptés du fait d'angoisses excessives ou/et de la non-accession, pour des raisons à définir, à d'autres modes d'interrelation et d'expression de sa souffrance.

Les comportements d'opposition, plus ou moins bien supportés par l'environnement, sont le plus souvent normaux.

Cette opposition peut se manifester sur un mode actif ou passif. L'opposition active, avec l'apparition du « non », est un signe de la capacité plus grande de l'enfant à se différencier et à s'affirmer. C'est une période transitoire qu'habituellement les familles acceptent, sans se mobiliser elles-mêmes trop agressivement. Il peut s'agir d'une opposition réactionnelle à un moment de crise (éducation anale, naissance d'un bébé, absence d'un parent, etc.) qui peut s'intensifier, si les réponses de l'entourage sont trop rigides. En revanche, ces oppositions peuvent céder si les parents se mobilisent différemment, si l'ambiance de vie le permet. Toutefois, certaines formes de relations parents/enfants peuvent se développer sur le mode constant de la confrontation sadomasochique. Dans les cas d'opposition passive, l'enfant tarde à accomplir ce qui est demandé par la mère, il manifeste une extrême lenteur qui est intuitivement interprétée par les parents comme de l'agressivité sous-jacente. L'enfant, en apparence docile, se protège et protège ainsi sa famille de son agressivité ; il manifeste de la sorte sa culpabilité. Cette opposition passive peut cacher une dépression latente.

Les tics

Le tic est défini comme un geste bref, répété involontairement sans nécessité objective et accessible à la conscience. Généralement, il reproduit soit un acte réflexe, soit un geste automatique remplissant, dans des conditions normales, une fonction précise.

Il faut différencier les troubles psychopathologiques des troubles neurologiques qui sont susceptibles de provoquer des secousses musculaires, comme les clonies des crises comitiales ou les mouvements choréiques. Il semble qu'il soit nécessaire de tenir compte de la vulnérabilité constitutionnelle : composantes génétiques, neurobiologiques avec troubles discrets de l'électro-encéphalogramme, hyperémotivité, instabilité, tendances compulsionnelles, etc.

Les tics peuvent apparaître ponctuellement à un moment conflictuel du développement de l'enfant, constituer un mode d'expression particulier d'un conflit névrotique. Ils peuvent disparaître rapidement mais aussi persister plus longtemps, voire s'installer. Il y a souvent un tic dominant pour un sujet, qui varie selon les situations émotionnelles. Mais un tic donné peut se déplacer, se généraliser.

On distingue traditionnellement les tics passagers et simples des tics multiples et du syndrome de Gilles de la Tourette, beaucoup plus fréquent qu'on l'imaginait. Dans ce dernier cas, on voit les tics se multiplier, s'associer à d'autres troubles compulsionnels (coprolalie), à des mimétismes incoercibles (échomimie, écholalie).

Au niveau psychopathologique, le fonctionnement psychique du tiqueur se rapproche de celui de l'obsessionnel : on retrouve des troubles de la pensée avec des compulsions de vérification, avec envahissement de pensées injurieuses, sacrilèges, associés à des comportements magiques... Tout cela s'impose de façon impérieuse au sujet qui est en lutte permanente pour tenter de réfréner ces mouvements.

Le tic traduit l'agressivité contenue et la culpabilité (investissement objectal de type anal). Ce trouble semble souvent succéder à une répression de l'onanisme et manifester à la fois de la révolte et la recherche de satisfactions auto-érotiques (mouvements d'œil, lèchement des lèvres, manipulations du nez, etc.). Il apparaît souvent au cours de la période de latence.

En fonction des modes d'organisation prégnants de la personnalité, les tics peuvent être quelquefois des symptômes du type conversion et appartenir le plus souvent à la série obsessionnelle.

• Les difficultés d'investissement de la génitalité

L'obésité

L'obésité psychogène est à différencier de celle, plus rare, issue de causes endocriniennes et malformatives ; elle se constitue soit très précocement, soit vers 6-7 ans, au moment du conflit œdipien, soit lors de la réorganisation prépubertaire.

D'une façon générale, on note une hyperphagie, un investissement peu important de la motricité (fatigabilité, maladresse, ralentissement moteur qui peuvent faire penser à de la dépression). Ces enfants supportent mal la frustration, répondent à toute tension, stress, par la prise de nourriture. Les gratifications orales peuvent combler un manque objectal. Toute sensation de faim peut raviver une blessure narcissique liée à l'investissement particulier du début de la vie et à l'angoisse de la dépendance totale que cela implique. On retrouve cela chez des enfants et des adultes ayant souffert de traumatismes dont la faim a été une conséquence. Il peut s'agir là de troubles graves de la personnalité où l'obésité est utilisée sur un mode défensif pour le maintien du sentiment d'identité.

Les obésités infantiles précoces s'installent souvent après une période d'anorexie du nourrisson. Chez de nombreux enfants obèses, les particularités de la relation mère/enfant amènent à avancer l'hypothèse de perturbations précoces de l'interrelation. Il s'agit de mères qui imposent à l'enfant leurs propres représentations de leurs besoins. Elles combattent leur angoisse propre et leur culpabilité en suralimentant l'enfant, la nourriture étant une sorte de gage de leur dévouement. Il semble qu'il y ait, comme dans l'anorexie des adolescents, une sorte d'incapacité de l'enfant à discriminer sa propre sensation de faim – afin de se conformer entièrement aux désirs de la mère. Souvent, la réponse stéréotypée de la mère dès la prime enfance, à toute manifestation émotionnelle de son enfant, est de le nourrir, ce qui n'aide pas à faire un tri dans les sensations internes. La fonction alpha de la mère est en défaut pour des raisons diverses. Cette forme de difficulté dans la conscience de soi et cette relation objectale particulière auront des effets sur les capacités d'individuation.

L'obésité qui apparaît vers 6-7 ans signale un conflit œdipien difficile à résoudre et une régression vers d'autres buts sexuels, moins générateurs de conflits qui masquent les désirs œdipiens vécus comme dangereux. L'hyperphagie permet d'exprimer avec moins d'inquiétude de rétorsion, ses pulsions agressives. La fille comme le garçon répriment toute rivalité à l'égard du parent du même sexe, évitent les conflits, se soumettent sur ce mode régressif. Des satisfactions masochistes (honte, rejet de soi, moqueries de camarades, régimes, etc.) peuvent être recherchées comme soulagement, lorsque l'agressivité sous-jacente à ces comportements est grande.

Du fait de la confrontation qu'elle implique au choix d'identification sexuelle, la puberté peut parfois raviver cette question. L'adolescence, période féconde en réorganisations, peut conduire vers une plus grande forme d'autonomie et vers un dégagement du sujet des images parentales idéalisées.

La rétention des matières fécales

Pour les jeunes enfants dont les repères, entre l'intérieur et l'extérieur, manquent encore de fiabilité, l'excrétion dans un pot, hors contenance d'une couche, qui maintient à proximité du corps, est souvent source d'inquiétude. Les matières fécales sont toujours investies de façon ambivalente. Issues du corps de l'enfant, elles représentent un objet narcissiquement investi, une possession qui lui procure du plaisir mais qu'il perd après l'avoir rejetée à l'extérieur.

Le besoin de voir ses déjections est une réassurance contre la perte d'une partie du corps. Cette perte, ressentie comme perte de parties de soi, peut provoquer d'énormes angoisses ; voir ces productions anales permet partiellement de se réapproprier l'objet.

De cette pulsion scopique, peuvent découler des vérifications interminables liées au sadisme, vérifications qui deviennent une forme de punition masochique des obsessionnels, tant elles lui rendent la vie difficile.

Cette période est toujours génératrice de difficultés d'adaptations normales de l'enfant et de l'entourage, de conflits producteurs soit de changements indispensables, soit de points de fixation, soit de désorganisations. Des relations, relativement adéquates à la période précédente, peuvent alors s'en trouver altérées. Les modes d'éducation rigide de la propreté expriment le désir de contrôler l'enfant, de ne pas le laisser s'individualiser. Si la mère projette sa propre analité sur l'enfant, elle n'acceptera pas ses mouvements d'indépendance, ce qu'elle manifestera clairement en tentant de contrôler ses selles. Elle cherchera, de façon intrusive, à résoudre par des manœuvres actives tout « retard » dans l'exonération.

Au moment de l'apprentissage de la propreté, des angoisses massives de la défécation, associées à des intrusions contrôlantes des mères, peuvent aboutir à des troubles de la défécation : constipation chronique, encoprésie, méga-côlon fonctionnel (conséquence d'un dysfonctionnement acquis et non organique).

Ces troubles sont des troubles de la rétention, même si, dans le cas de l'encoprésie, le résultat en est l'évacuation de selles dans la culotte, durant la journée. Ils rendent compte de l'investissement par l'enfant de ses matières fécales. Ces troubles du transit ont des conséquences physiques : risque de sub-occlusion intestinale et, à terme, dilatation réflexe du rectum, puis de tout le côlon, avec stagnation des fécalomes.

Il peut arriver que la maîtrise du bol fécal finisse par aboutir à ce que la selle, au lieu d'être expulsée vers l'extérieur, repénètre dans le sigmoïde et le côlon gauche. Ce mécanisme peut devenir un mécanisme auto-érotique secret, provoquer une forme de masturbation, une autopénétration par un pénis fécal, préforme de l'acte pervers. L'enfant est tout à la fois actif et passif, pénétrant/pénétré, il n'a besoin de personne dans cette situation « androgyne ». Lorsque ces troubles persistent, ils sont le signe que l'enfant n'est pas parvenu, durant la latence, à désérotiser ses productions, à mettre en place des contre-investissements producteurs de dégoût.

D. Meltzer rend compte des mouvements psychiques associés à ces comportements avec la notion de claustrum (1992) qui renvoie à un mode d'identification projective dans des zones que le fantasme attribue à la mère : espace sein, espace génital, espace rectal.

Il y associe grandiosité, idéalisation de soi, non vérité, évitement de la douleur psychique, de la séparation, envie des richesses intérieures de l'objet. La vie dans le claustrum s'accompagne de la crainte d'expulsion des divers lieux où, psychiquement, le sujet s'introduit frauduleusement avec une forme d'avidité compulsive mobilisant des aspects destructifs (rectum, espace génital).

L'encoprésie est souvent observée dans les pathologies psychotiques (angoisses archaïques de perdre un objet interne, des parties de soi), mais elle se rencontre aussi secondairement, après un épisode de propreté de façon réactionnelle (rupture avec la mère du fait de la naissance d'un enfant, d'une hospitalisation, d'une entrée à l'école, etc.). Le symptôme témoigne alors non d'une organisation avec des traits pervers, mais d'un conflit plus œdipien.

3. Les carences affectives de l'enfant sous l'angle du nanisme psychogène

Cette pathologie, assez rare, est citée comme exemple remarquable des effets dramatiques d'un trouble profond de l'interaction mère/enfant qui intervient après 3 ans. Les mères de ces enfants peuvent avoir eu d'assez bonnes relations avec leur bébé, mais ne pas supporter l'enfant grandissant, se séparant d'elle, réactivant leurs propres difficultés internes. Les Anglo-Saxons parlent, à propos de ces enfants, de *failure to thrive*, expressions que l'on pourrait traduire par échec physique et psychique de croissance. Ils y incluent les enfants souffrant d'hospitalisme, puis, à partir de 3 ans, de nanisme psychogène.

Ce sont les premières observations d'enfants souffrant d'hospitalisme, qui ont signalé le rôle essentiel de la qualité des relations affectives, leur impact sur la croissance psychique et somatique d'un enfant. Dans le cas du nanisme psychogène, la croissance staturale est remise en cause.

Le système neuro-endocrinien régulateur de la croissance, dans les nanismes d'origine non organique, réagit, sans que l'on sache précisément de quelle façon, à la vie émotionnelle, en particulier à la déprivation affective sévère. L'une des caractéristiques de ce nanisme psychogène est que le déficit en hormone de croissance est réversible assez rapidement, lorsque l'enfant se retrouve en dehors de son milieu familial. Comme le contexte relationnel est chargé en agressivité et en rejet souvent conscient de l'enfant, ces enfants sont, en général, victimes de sévices (découvertes fréquentes à la radiographie de fractures multiples et anciennes).

Les circonstances de la naissance de l'enfant (deuil, chômage, complications postnatales, prématurités, mère adolescente, grossesse non désirée…) mobilisent sur lui les conflits parentaux ou maternels.

Les failles narcissiques de certaines mères, leur pathologie, leur difficulté à reconnaître les besoins affectifs de leur enfant, leur propre vécu infantile pénible d'enfant n'ayant pas connu de liens d'attachement, rendent impossibles des interrelations adéquates dès la naissance. Les pères sont parfois eux-mêmes pathologiques, mais le plus souvent impuissants à contenir les impulsions agressives de leur compagne. Ils peuvent être des observateurs passifs, indifférents, complaisants, voire actifs de ces maltraitances.

Les enfants présentant un nanisme psychogène manifestent des troubles alimentaires (grande voracité suivie parfois de vomissements, comportements anorectiques, polydipsie) et surtout des troubles du sommeil. Ces derniers, extrêmement fréquents et intenses, manifestent la désorganisation affective et l'état dépressif sous-jacent. Ils jouent un rôle central dans l'inhibition de la sécrétion de l'hormone de croissance du fait de la diminution importante de la durée du sommeil lent profond, indispensable à la sécrétion d'hormone de croissance. Ces enfants présentent de nombreux autres symptômes communs à la majorité des enfants souffrant de carences affectives : énurésie, encoprésie, retard des acquisitions, instabilité motrice, rythmies de balancement, difficultés sociales, etc. Leur repli dans des activités répétitives, dans des manipulations d'objet, des activités motrices peu chargées en fantasmatisation a conduit à évoquer le syndrome du comportement vide (Kreisler, 1987), expression enfantine de la dépression essentielle (Marty, 1968). En d'autres termes, ce sont des enfants qui fuient la pensée génératrice de souffrances. On comprend pourquoi les enfants subissant des carences affectives peuvent évoluer vers des débilités moyennes, pourquoi ils s'agrippent au factuel, à la pensée concrète moins génératrice d'angoisses.

Hospitalisés, ces enfants retrouvent leur sommeil, et la croissance reprend. Après une semaine d'hospitalisation, on constate la réversibilité du déficit de la sécrétion en hormone de croissance, et le blocage immédiat de la croissance, lorsque l'enfant est rendu rapidement à sa famille.

Au niveau thérapeutique, outre une prise en charge thérapeutique individuelle, indispensable pour un enfant ayant subi des traumatismes divers, il faut trouver une façon de modifier le milieu pathogène : soit un travail avec la famille est possible, soit après un temps d'hospitalisation assez long qui s'avère souvent nécessaire, l'enfant devra être placé à distance de la famille pour interrompre la violence agie et les conflits qui le désorganisent.

Chez tous les enfants soumis à la pathologie de leurs parents maltraitants, il est parfois urgent d'agir et de séparer les enfants physiquement et psychiquement en danger. Une fois qu'ils sont retirés de leur famille, le problème se pose de savoir s'il est adéquat de maintenir les liens, de les limiter, voire de les couper, comme le suggère Maurice Berger (1992). Son travail de clinicien l'amène au constat qu'il est parfois indispensable d'en arriver à cette dernière solution pour préserver la santé psychique de l'enfant qui régresse, perd ses acquis après chaque séjour dans son contexte familial. Réfléchir à cette question nous amène à tenir compte à la fois de la nécessité de liens fondamentaux à la constitution de relations d'objet chez l'enfant et des difficultés psychiques posés par certaines relations pathogènes parents/enfants.

Actuellement, dans les cas de jeunes enfants séparés de leurs familles, on évite les placements dans des structures où l'organisation du travail du personnel ne permet pas à un investissement privilégié et stable de s'installer. On opte plutôt pour les confier à des assistantes maternelles de manière que l'enfant ait un adulte privilégié à qui il puisse s'attacher, se référer, s'identifier.

On a constaté que de multiples séparations, même de courte durée, ont des répercussions aussi néfastes que des séparations longues. Il faut donc être attentif à ne pas multiplier les placements et les gardes temporaires avec ces enfants déjà en grande difficulté, pour qui le monde environnant, la relation à l'objet manque de fiabilité, de prévisibilité. L'enfant subit des traumatismes répétés supplémentaires. De façon générale, il semble que les événements de type séparation, perte d'un parent, d'un référent investi, paraissent moins traumatiques à partir de la période de la latence qu'avant, dans le sens où l'enfant, sorti de l'amnésie infantile, peut se souvenir de ce qu'il vit.

IV. LES DISTORSIONS PSYCHIQUES DE LA PERSONNALITÉ

La spécificité des troubles psychiques propres à l'enfance n'est plus contestée, et des recherches de plus en plus nombreuses s'interrogent sur leurs liens et leurs distorsions par rapport à ce que l'on sait du tout début de la vie psychique.

On est étonné de la fréquence des symptômes à traits névrotiques chez l'enfant. On oublie, une fois adulte, le nombre de conflits que doit assumer tout enfant dans son développement. Ces symptômes peuvent disparaître, lorsque le moi de l'enfant, de par une plus grande maturité, devient capable d'élaborer les conflits et rend inutile les symptômes mis en œuvre pour écarter ou maîtriser l'angoisse. Ainsi, certains enfants peuvent-ils manifester des troubles de conversion assimilables à des troubles hystériques, sans pour autant développer une névrose hystérique une fois qu'ils sont adultes. Généralement, chez un même enfant, coexistent des manifestations de type hystérique, obsessionnel et phobique. Les signes négatifs, tels que l'inhibition, en particulier l'inhibition au jeu, la trop grande docilité, sont à prendre en compte autant que les signes bruyants qui alertent plus vite la famille et l'école.

Bien que la psychopathologie de l'enfant se caractérise par sa mouvance, et que, de ce fait, on évite de parler en termes de structures, plus l'enfant grandit, plus ses comportements, ses mécanismes de pensée, ses modes de défenses majeurs, nous donnent une idée de son mode dominant de structuration. Le sachant encore mobilisable grâce aux processus développementaux, on parle de traits névrotiques ou psychotiques, plutôt que de névrose ou de psychose constituée. Cependant, parler de pathologie limite souligne bien que les références implicites aux grandes entités névrose, psychose sont cependant bien présentes. Leur présence s'accentue même avec les troubles graves de la personnalité, psychose, névrose obsessionnelle, où, au niveau clinique, on ne peut que constater, malgré des réorganisations partielles et de réaménagements, une certaine stabilité. Penser en termes de processus majoritaires facilite la pensée de choix, des moyens thérapeutiques à mettre en place.

Les différenciations fondamentales entre névrose (névroses hystérique, phobique, obsessionnelle) et psychose (autisme, névrose symbiotique) sont les suivantes :

– dans la névrose, le conflit œdipien a été abordé même s'il demeure source d'angoisse (angoisse de castration). La différence entre réalité interne, fantasme et réalité externe est bien mise en place. Le principe de réalité est accepté, quoique la frustration soit plus ou moins bien tolérée. L'objet est investi de façon ambivalente et les modes de défense utilisés se transforment avec l'âge : déni et projection cèdent la place au refoulement, à la sublimation. La symbolisation, la pensée abstraite sont possibles, même si elles sont infiltrées de conflits ;

– dans la psychose, le conflit œdipien n'a pu être abordé, les angoisses sont massives (angoisses d'annihilation, de perte de parties de soi, etc.). Des confusions importantes entre réalité externe et réalité interne, entre soi et non-soi, demeurent. L'objet n'est pas total mais partiel, les défenses dominantes demeurent des défenses archaïques : clivage, projection. La pensée est concrète, quand le langage a pu se constituer.

1. Les troubles névrotiques à traits hystériques

Il ne peut y avoir de développement d'enfant qui échappe à l'angoisse. Cette réaction à une perte, à une séparation dont le prototype serait la naissance, la séparation d'avec la mère va s'associer par analogie, selon Freud (1926), à l'angoisse de castration. Cette angoisse peut n'être qu'épisodique, chronique (fond d'inquiétude et de vigilance permanente, pessimisme, évitement des situations nouvelles), ou se présenter de façon aiguë. Dans ces deux derniers cas, il arrive que les mécanismes de défense de l'enfant soient débordés. L'énergie pulsionnelle non maîtrisée peut provoquer des terreurs nocturnes, des désordres fonctionnels (insomnies d'endormissement, maux de ventre, difficultés respiratoires, tachycardie, etc.). Le comportement, le caractère, les investissements, les capacités de concentration de l'enfant peuvent s'en trouver modifiés. Le contexte dans lequel surviennent ces crises est alors riche de renseignements.

Voici quelques modes de fonctionnement présentant des traits hystériques, sans pour autant que l'on puisse déduire de lien direct pour la future organisation psychique après l'adolescence :

– la mythomanie : récits destinés à attirer l'attention, à séduire ; il s'agit souvent de romans familiaux mégalomaniaques, de vantardises dans lesquels les enfants se positionnent en héros puissants ou maltraités, objets d'attention sexuelle de la part d'adultes ou de camarades ;

– les préoccupations hypocondriaques ;

– les manifestations somatiques durables ou ponctuelles (difficultés motrices, visuelle, auditives, etc., troubles de l'appareil digestif, respiratoire).

Fréquemment présent chez l'enfant dans la manifestation de sa souffrance par le biais de troubles psychosomatiques, le corps peut aussi parfois devenir le théâtre de troubles de type hystérique : agitations motrices, cris, pleurs. Il paraît cependant excessif de les qualifier d'hystériques, même si des traits de personnalité (grande sensibilité attribuée à l'opinion d'autrui, suggestibilité, théâtralisme, désir de plaire, de séduire) traditionnellement attribués à l'hystérie sont présents. L'enfant, de par son immaturité, est dans une quête normale d'identification, dans une incertitude par rapport à lui-même.

Avant de conclure à des troubles névrotiques à traits « hystériques », il faut donc tenir compte de plusieurs éléments :

– la somatisation est le mode privilégié d'expression des angoisses chez l'enfant, dans le sens où il est, selon son âge, encore peu ou mal mentalisé, où son organisation moïque n'a pas à sa disposition des modes de défenses diversifiés. D'ailleurs, il est assez rare que le conflit, manifesté dans le corps sous forme de symptôme, comporte une expression symbolique et soit, de ce fait, un symptôme de conversion (symptôme typique dans l'hystérie par lequel le psychique vient se symboliser à partir des symptômes corporels non avérés). Le mutisme psychogène, lié à la culpabilité œdipienne, et manifestant l'angoisse de castration, est l'un des rares symptômes à conversion symbolique chez l'enfant ;

– le fait que l'enfant soit suggestible, qu'il essaie de se conformer aux désirs des parents, s'identifie à eux, s'inscrit dans un développement normal. Il ne s'agit pas là de l'immaturité de l'adulte mais de celle d'un être en développement. Ce ne peut être le signe d'une pathologie, sauf, comme je l'ai déjà signalé, dans les cas d'un conformisme étroit, d'une hyperadaptation. On sait qu'un enfant trop sage, trop conforme, présente une névrose asymptomatique, sans que l'on puisse savoir précisément à quel type de pathologie elle pourra donner lieu ;

Les conversions hystériques véritables semblent assez rares, elles jouent souvent mal leur fonction défensive de mettre les enfants hors angoisse dans « la belle indifférence de l'hystérique ». En revanche, tout un jeu relationnel, avec la douleur corporelle comme moyen de pression vis-à-vis des parents, est souvent utilisé par les enfants. La façon dont la famille y réagit peut faire le lit de futurs modes d'expression de l'angoisse. On sait la fréquence et la banalité de maux de ventre et de tête, visant à éviter l'école ou une situation anxiogène.

Chez l'enfant, il va de soi que le conflit œdipien affleure. La non-possibilité de le mettre *a minima* en sommeil, pendant la latence, signale un conflit. Selon Freud, si les racines de l'hystérie plongent dans les premières années de la vie, ce n'est que dans l'après-coup, au moment de la puberté, que la névrose devient manifeste.

2. Les phobies

Il s'agit d'une peur irrationnelle, incontrôlable, qui s'exprime face à des objets particuliers (petits ou grands animaux perçus comme menaçants, dangereux, répugnants), des lieux (phobie de l'école, des W-C, etc.), ou des situations (phobie de l'endormissement, peur de l'étranger).

Il peut s'agir aussi bien d'angoisses précoces de type psychotique que d'angoisses plus tardives de type névrotique. Le recours à la phobie pour répondre à un excès d'angoisse témoigne d'une tentative de structuration. Ainsi l'angoisse du visage de l'étranger, actuellement souvent pensé comme phobie du visage de l'étranger, de l'objet non-mère, signale un cap difficile de maturation du devenir psycho-affectif de l'enfant : celui de la séparation d'avec la mère et de la possibilité de la perdre.

Freud, dans « Le petit Hans » (1909) – petit garçon de 3 ans et demi, qui manifeste une phobie des chevaux –, considère que cette phobie permet à l'enfant de fixer son angoisse initiale diffuse sur un objet phobogène, ce qui le soulage, lui permet de savoir de quoi il a peur, de donner une figuration à son angoisse. L'angoisse initiale est associée à la menace de castration incarnée par le père. Par un processus de déplacement et de projection, cette angoisse est projetée sur les grands animaux possédant un grand sexe. Le cheval devenant un substitut du père, le refoulement s'en trouve facilité, et l'enfant, « débarrassé » de son agressivité projetée ailleurs, parvient à maintenir sa relation tendre au père.

Freud (1926) ne soutient plus que l'angoisse soit issue du refoulement de la libido, mais fait de l'angoisse un signal d'alarme du moi en danger. On saisit mieux pourquoi D.W. Winnicott (1969, p. 372) considère comme pathologique l'absence de peurs chez l'enfant entre deux et six ans. L'enfant devrait être capable d'avoir peur afin d'être soulagé de ce qui est mauvais, c'est-à-dire de ce qui lui fait peur en lui. La phobie permettrait donc, par projection, une extériorisation et une première représentation des conflits intrapsychiques à l'œuvre chez l'enfant, ainsi que le maintien de liens non entachés de trop d'agressivité aux parents. Un signe d'une forme d'organisation de l'angoisse serait donc l'apparition de phobies qui succèdent à des terreurs nocturnes par exemple. Des conduites d'évitement se mettent en place, des personnes ou des objets peuvent permettre d'affronter la situation (objet contraphobique).

Des phobies scolaires sont parfois réactionnelles à une naissance, à une dépression maternelle, à des séparations antérieures. Il peut aussi s'agir de phobies qui surviennent après un traumatisme (mort d'un parent, intervention chirurgicale), de phobies induites par un adulte qui ne supporte pas lui-même la séparation ou qui s'appuie sur l'enfant lors de difficultés le concernant. Des phobies de la lecture et/ou de l'écriture peuvent être dues à un manque de neutralisation des conflits œdipiens (*cf. supra* « 1. Les troubles des acquisitions »), à un investissement trop narcissique de l'école…

Ces phobies disparaissent généralement spontanément avec la résolution des conflits. Certaines phobies perdurent et sont alors le signe de conflits non réglés, d'une organisation pathologique de la personnalité.

Anna Freud distingue les phobies des peurs archaïques (peur du noir, des étrangers, du tonnerre, etc.). Pour elle, toute phobie implique une régression à partir du stade phallique, alors que, pour M. Klein, toutes les phobies sont l'expression d'angoisses paranoïdes : ce seraient les premiers éléments du surmoi qui seraient projetés. Ce qui différencie les phobies passagères, liées à un conflit (phobie du petit Hans), des phobies plus graves (celle de l'homme aux loups), c'est l'intensité du sadisme primaire qui a mal évolué, générateur d'un excès d'angoisse, d'un refus de la réalité, de la formation de traits obsessionnels et paranoïdes prononcés, et donc aussi des relations objectales de moins bonne qualité.

Parfois, la phobie ne parvient pas à mobiliser, chez certains enfants en difficulté, l'angoisse qui demeure alors diffuse. Lorsque la période de latence ne peut jouer son rôle, les troubles se maintiennent jusqu'à la puberté. Lorsqu'à la fin de la latence, voire à l'adolescence, ces troubles sont toujours présents, ils cessent d'être des modes de défense adaptés et peuvent alors renvoyer à des désorganisations graves de la personnalité (névrose d'angoisse, pathologies limites, début de schizophrénie).

3. Les troubles présentant des traits obsessionnels

Des mécanismes obsessionnels existent à la fois dans le développement normal et pathologique. Les rites peuvent être structurants et apparaissent très jeunes : des rites, qui rassurent l'enfant, accompagnent les moments importants : l'apprentissage sphinctérien et le coucher notamment. Des rituels excessifs dès les premières années indiquent non pas une névrose mais une évolution psychotique.

À la période de latence, tous les enfants présentent des symptômes obsessionnels isolés : collections diverses, petites superstitions, rites conjuratoires (du style éviter de marcher sur les raies du trottoir ou du carrelage, dire ou penser quelque chose pour s'éviter des malheurs). La période de latence étant organisée, selon Freud, sur la base d'une régression anale avec nécessité de renoncement à la satisfaction directe des pulsions sadiques-anales, elle implique, comme dans la névrose obsessionnelle, le refoulement. Celui-ci permet que l'affect pénible, hostile soit déplacé sur une représentation indifférente. Pour cela, le retrait de l'investissement préconscient de la représentation refoulée et un intense contre-investissement sont nécessaires. Des formations réactionnelles du type méticulosité, pudeur, compassion pour les animaux, scrupulosité, se substituent à l'exhibitionnisme, à la cruauté… Le moi de cette période de la vie semble fonctionner de façon obsessionnelle – alors qu'à la période œdipienne, la symptomatologie phobique est plus prégnante –, et l'ambivalence, caractéristique du stade anal, est prégnante. On assiste à un double renversement : renversement en son contraire de l'affect, retournement de l'activité sadique sur le sujet.

L'hypothèse avancée par Freud (1913, p. 196) est que, dans la disposition à la névrose obsessionnelle, le développement du moi devance dans le temps celui de la libido. On parle souvent de prématurité du moi. Les pulsions du moi, du fait de cette anticipation, seraient contraintes au choix d'objet, avant que la fonction sexuelle n'ait atteint sa configuration définitive ; une fixation au stade anal en découlerait.

Des pensées obsédantes, chargées en doute, provoquent des inhibitions et des rituels conjuratoires, magiques et finissent par envahir le quotidien et l'esprit dans les formes graves. Le processus même de la pensée est sexualisé. Le plaisir, au lieu de se rapporter au contenu de la pensée, est dirigé vers l'acte de pensée.

Alors que pour Freud, le doute permanent de l'obsessionnel rend compte d'un doute sur l'amour, doute de son amour, pour M. Klein, le doute porte sur l'incertitude concernant l'intérieur de son propre corps, de celui de ses objets, sur le bien-fondé de sa crainte d'être attaqué et blessé au-dedans de lui-même. De façon réactionnelle à ce doute, les règles, les tendances à l'ordre, la précision rassurent l'enfant. M. Klein remet en question l'idée qu'une régression soit nécessaire comme point de départ de la névrose obsessionnelle. Selon elle, dans la position schizo-paranoïde, tous les enfants auraient des fantasmes d'attaques sadiques-orales contre l'intérieur du corps de la mère et son contenu. Dans *La Psychanalyse des enfants* (1932), elle déclare que la gravité de la névrose obsessionnelle est en rapport avec l'intensité des troubles paranoïdes qui l'ont précédée.

Des préoccupations obsédantes autour des thèmes de la maladie, de la mort, des manies de propreté, de rangement peuvent se manifester à la période de latence. Mais, c'est à l'adolescence que l'on rencontre des organisations obsessionnelles qui ressemblent à celles de l'adulte avec des comportements compulsifs, certains traits de caractère : souci excessif de la propreté, du rangement, doutes, scrupules incessants, lutte contre des fantaisies, masturbations, etc.

4. Les pathologies limites

Le terme de pathologies limites est préféré en France à celui d'état limite. D'après R. Misès (1990), ce premier terme soulignerait les potentialités évolutives plus diversifiées des troubles du jeune âge, leur pronostic plus favorable, si, toutefois, on met en place un travail thérapeutique selon différents axes : psychothérapeutique, pédagogique, rééducatif et institutionnel si nécessaire. On trouve d'autres dénominations possibles : personnalités faux self, borderline, pathologies narcissiques, schizoïdes, anaclitiques…

La pathologie limite représente un exemple impressionnant des influences des interrelations au cours de l'enfance. Certes, le cas de certains enfants signale leur « vulnérabilité » personnelle, facteur essentiel de leurs troubles. D'autres enfants nous montrent leurs capacités propres à résister à des situations familiales et sociales dramatiques (enfants dits résilients). Cependant, dans la grande majorité des cas, l'anamnèse montre qu'il s'agit d'enfants ayant subi des violences et des abus de tous ordres, qui ont souffert de placements, d'hospitalisations, de dépressions maternelles, de conflits familiaux, mais aussi de distorsions des interrelations et de défauts d'étayage plus précoces. Toujours est-il que l'insuffisance des apports libidinaux, la discontinuité, le défaut d'ajustements des soins qui leur ont été apportés, en font des enfants extrêmement fragiles, intolérants à la frustration, rejetant toute forme d'aide, se protégeant par des manifestations d'autosuffisance, d'omnipotence vis-à-vis des objets qu'ils tentent de captiver, tant ils se sentent incapables d'entrer en relation avec eux. On trouve là l'un des risques majeurs, soulevé par E. Erikson (1968, p. 122) de la période de latence : ne pas favoriser chez l'enfant un sentiment de compétence, ce qui peut se révéler une menace pour le développement de l'identité.

On assiste à l'échec de la position dépressive. Les dernières étapes du processus de séparation/individuation, celles des essais (exploration du monde) et de rapprochement (accrochage de réassurance à la mère face à l'angoisse de séparation), étapes qui favorisent la consolidation de l'individualité et de la permanence de l'objet émotionnel, n'ont pas pu vraiment s'intérioriser.

Malgré l'échec de la position dépressive, la différenciation soi/non-soi, réalité interne/externe, partiellement traitée, permet la reconnaissance de la mère comme objet total, la présence d'angoisses dépressives associées à la perte et à la séparation. Mais les conflits spécifiques à la mise en place d'une configuration œdipienne n'ont pas vraiment été abordés et les remaniements propres à la latence sont de surface. Cependant, les capacités d'adaptation de ces enfants sont plus grandes que chez les enfants psychotiques, comme l'atteste le fait que les parents, les éducateurs mettent parfois longtemps à reconnaître la gravité de leurs troubles. Cette psychopathologie se rencontre souvent chez les enfants « abandonniques », les enfants victimes de sévices, les enfants carencés.

Les symptômes, en eux-mêmes, ne sont pas très spécifiques : chez les jeunes enfants, on constate des troubles de l'alimentation, du sommeil, des retards ou dysharmonies du développement qui manifestent une vulnérabilité somato-psychique. Quand l'enfant grandit, l'instabilité ou au contraire l'inhibition manifestent leur excès de tensions internes. Des conduites ritualisées tentent souvent d'endiguer l'angoisse. Ce sont des enfants qui, selon R. Misès (1990), mettent en place un processus défensif particulier, extrêmement efficace pour éviter l'effondrement : grâce au clivage du moi, qui favorise leur fonctionnement en faux self, ils peuvent maintenir côte à côte, des positions insoutenables, sans qu'il y ait conflit interne. C'est ainsi qu'ils contournent tous les conflits essentiels mais inabordables pour eux. Grâce à cette modalité défensive, ils ont pu se développer en secteurs. Leurs aptitudes à la conformité maintiennent le lien avec le réel, dans des rapports marqués par la soumission et le mimétisme. De ce fait même, leurs formes d'apprentissages sont de surface, appuyées sur le mimétisme ou l'imitation ; parallèlement, une autre forme de pensée fonctionne sous le signe de la toute-puissance infantile. Des phobies scolaires signalent parfois l'angoisse massive de ces enfants à la séparation, leur fragilité face à la « perte » de l'objet réel.

Après une prise en charge, on peut observer des modifications notables dans leur fonctionnement. Les capacités virtuellement disponibles de l'enfant semblent se remobiliser. Son identité s'affirme, sa confiance en l'objet se développe, et, parallèlement, il peut lâcher de son omnipotence. Les apprentissages deviennent possibles ainsi que l'intégration sociale. En l'absence de prise en charge, les décompensations psychotiques sont plutôt rares. On rencontre plus tard des adolescents pris dans des impulsions violentes, des conduites addictives, des comportements autodestructeurs, autant dire dans des troubles signalant une importante blessure narcissique.

5. Les psychoses infantiles

Les travaux des psychanalystes américains et européens dégagent l'originalité des psychoses propres à l'enfance et marquent la profonde différence avec le processus dissociatif de la schizophrénie à l'adolescence. Chez l'enfant, la psychose, trouble du développement psychique pluri-factoriel, a des conséquences déficitaires sur le développement intellectuel, en particulier sur le retard, les particularités ou le non-développement du langage. Ces recherches vont dans le sens d'une prophylaxie et du traitement précoce de ces psychoses.

Face à des enfants pas ou peu dans le relationnel, sans langage, des enfants qui semblent ne pas vous voir, qui se situent dans la répétition permanente des sons, des gestes, des manipulations d'objets autistiques, un thérapeute qui se baserait uniquement sur le discours, se trouverait démuni. La prise en charge de l'enfant serait éludée au profit de celle des parents.

Nous ne réaborderons pas ici l'autisme : les processus à l'œuvre ont déjà été précisés dans le chapitre concernant le bébé (chap. 2). Cependant, il faut à nouveau insister sur la nécessité d'une prise en charge précoce et sur la nécessaire complémentarité de cette prise en charge selon une triple composante : thérapeutique, pédagogique et éducative, ce qui est rarement le cas.

Même si, du fait de problèmes sociaux ou relationnels, associés aux processus de séparation/individuation, certains enfants peuvent présenter, plus tardivement, une symptomatologie de type autistique, l'organisation de type psychotique la plus représentative de ce moment du développement est la *psychose dite symbiotique*, pour reprendre les termes de M. Mahler.

Les psychoses infantiles symbiotiques traduisent l'inachèvement du sentiment d'identité individuelle. Chez eux, moins la phase symbiotique aura été satisfaisante, plus grande sera la crainte de perdre l'objet. La séparation provoque des réactions extrêmes : peur panique, colère violente, comportements destructeurs.

Contrairement à l'idée communément admise, on renonce à ce qui a réussi, mais, inversement, on s'accroche en permanence à ce qui rate. Une relation narcissique bienfaisante, une relation symbiotique chaleureuse charge l'enfant en potentialités de séparation et d'individuation.

P.-C. Racamier considère que lorsque la séduction narcissique indispensable entre une mère et son bébé tourne mal, la séductrice devient prédatrice. Plutôt que de parler de symbiose, dans les cas de séduction narcissique déviante, il semblerait préférable de parler de dys-symbiose. Le parent est alors actif et l'enfant manœuvré ; la mère ou le père y gagne en narcissisme, l'enfant y perd en autonomie, même s'il est un instrument flatté du narcissisme parental.

Les attardés de la séduction narcissique ont été des frustrés précoces. Ce qui peut passer pour de l'hyperprotection n'a été originellement fait que de distance et de froideur (Racamier, 1995, p. 38). M. Mahler, très moderne sur ce point, montre aussi le pouvoir inducteur de l'enfant sur le fonctionnement de sa mère. Lorsque la relation mère/bébé, mère/jeune enfant, est extrêmement pathogène, l'expérience de séparation est inassumable pour l'enfant. On est dans le traumatisme, dans l'impossibilité d'assimilation de l'expérience en cours. L'enfant psychotique n'aurait pas élaboré une image interne qui puisse l'aider à assumer la séparation. Celle-ci est plutôt ressentie comme une perte d'une partie intégrante du moi, une menace d'annihilation. La difficulté de mettre en place une représentation de soi et de l'objet, implique l'impossibilité de vivre des expériences de séparation psychique. Perdre l'objet, c'est alors perdre une partie de soi, liée à l'objet de façon indissociable. Plus que de séparation, il semble s'agir d'arrachement. C'est pourquoi M. Mahler parle de « réactions à la séparation » pour la différencier de l'angoisse, processus normal.

Si la séparation est difficilement assumable dans la psychose symbiotique, la grande proximité est vécue, elle aussi, comme dangereuse du fait d'angoisses de ré-engloutissement. Deux angoisses sont ainsi caractéristiques de la psychose symbiotique :

– angoisse de séparation ou plutôt de perte d'une partie de soi ;

– angoisse de ré-engloutissement par l'objet symbiotique.

Le moi de l'enfant tente de fonctionner en niant la séparation, en maintenant le fantasme délirant de l'unité avec la mère toute-puissante qu'il tentera de faire fonctionner comme une extension de son self. La substitution à la mère d'une image stable et fiable n'est pas possible, l'unification du bon et du mauvais objet en une seule représentation globale non plus. L'enfant peut différencier l'objet partiel mais n'assume pas la rupture de l'illusion fusionnelle. Les défenses majoritairement à l'œuvre sont celles de la position schizo-paranoïde : clivage et protection.

F. Tustin (1981, p. 56) étudie une pathologie proche de celle-ci, qu'elle qualifie de confusionnelle. Elle regroupe sous le terme d'états autistiques chez l'enfant, aussi bien des enfants autistes tels qu'ils ont été décrits précédemment, que des enfants présentant des psychoses infantiles symbiotiques. Les premiers sont dénommés « enfants à carapace », les seconds, « enfants confusionnels ».

Les enfants confusionnels sont décrits comme gauches, mal coordonnées, mous au niveau musculaire (en opposition avec les enfants autistes), se blottissant, s'abandonnant mollement lorsqu'on les prend dans les bras. Ce dernier point semblerait signaler qu'il ne s'agirait probablement pas tout à fait des mêmes enfants que ceux en psychose symbiotiques qui fuient ce type de situation, du fait d'angoisses de ré-engloutissement. Il est à noter que F. Tustin parle, cependant, de l'utilisation, par ces enfants, de l'identification projective, processus majoritairement en jeu chez les enfants en psychose symbiotiques… Leur conscience extrêmement aiguë du moi et du non-moi les conduit à l'orée d'une perception tridimensionnelle, à la conscience d'un dedans et d'un dehors. Mais, la séparation étant vécue comme un vide, un trou noir, ils tentent d'y échapper par une forme de délire de confusion qui les amène à déboucher sur le chaos :

> L'enfant confusionnel a commencé à se développer par à-coups pour sombrer ensuite dans le chaos, tandis que les capacités potentielles de l'enfant à carapace sont restées intactes, en sommeil, attendant le moment propice pour se développer. Au contraire, l'évolution de l'enfant à segments se fait par à-coups, puis elle stagne pour se trouver finalement prise dans une carapace.
>
> Ces confusions extrêmes rendent difficile le traitement et le désenchevêtrement des identifications.
>
> F. Tustin, *Les États autistiques chez l'enfant*, 1981, trad. fr. 1986, p. 57.

Comme M. Mahler, F. Tustin recommande de travailler avec les parents, les mères en particulier, de façon que la mère et l'enfant progressent simultanément. Sinon, les progrès de l'enfant, son début d'existence comme individu séparé peuvent déstabiliser l'équilibre familial, celui des parents, et provoquer l'interruption de la prise en charge.

Chapitre **4**

L'adolescent

En contrepoint de la psychopathologie de l'enfant, ce chapitre expose rapidement quelques grandes lignes du devenir, au cours de l'adolescence, des processus, des modes de relation et de défense précédemment exposés.

Pour une vision plus générale des pathologies à l'adolescence, il convient de se référer à l'ouvrage de François Richard (1998), publié dans cette même collection, *Les Troubles psychiques à l'adolescence*.

À l'adolescence, la tâche qui s'impose est complexe : parvenir à faire collaborer les pulsions partielles, subordonner les zones érogènes au primat de la zone génitale, résoudre le conflit nucléaire que représente le complexe d'Œdipe et modifier ses investissements d'objet. L'adolescence est une période de la vie vive en souffrances, mais aussi en possibles remises en questions, en possibles réorganisations.

Selon Philippe Gutton (1991, 1996), l'adolescent aura à élaborer deux processus : le processus pubertaire et le processus « adolescen ».

L'enfant pubère est dans le chaos : la levée du refoulement des désirs œdipiens conduit à la réactualisation de ceux-ci. Les éprouvés génitaux sont interprétés en scènes pubertaires, incestueuses et parricides qui le font souffrir. Ces scènes seraient animées par les remaniements physiques et psychiques de l'enfant, mais aussi par le pubertaire des parents. Les modalités de l'actualisation de l'œdipe dépendent de données préœdipiennes. À la réémergence d'angoisses archaïques – angoisse de séparation, angoisse de destruction des objets internes –, s'ajoute la nécessité d'une prise de distance par rapport aux objets parentaux. À la puberté, la maturation physique de l'appareil génital donne un autre impact à ces fantasmes, de par la réalisation possible des fantasmes incestueux et parricides, surtout lorsque le refoulement est déficient. D. W. Winnicott (1968, p. 199) différenciait bien ce qui est à l'œuvre dans les fantasmes de la période œdipienne et ceux de l'adolescent en déclarant que si, dans le fantasme de la première croissance, il y a la mort, dans celui de l'adolescence, il y a le meurtre. Lorsque l'individuation, trop imparfaitement préparée se réactualise, du fait du grand remaniement nécessaire au détachement de la libido des parents et au choix de nouveaux objets, comme lors de la première période de séparation/individuation, le conflit entre plaisir de l'autonomie et inquiétude de perte des premiers objets d'amour va se rejouer. Le processus de séparation/individuation se voit proposer une nouvelle chance de réélaboration. Peter Blos (1985) considère l'adolescence, dans sa totalité, comme un second processus de séparation/individuation. Lorsque les processus défensifs sont inopérants, des décompensations d'allure psychotiques peuvent avoir lieu.

Quand le développement s'avère moins problématique, l'élaboration du processus qualifié d'« adolescen » par P. Gutton, s'opère au fur et à mesure de l'émergence des remaniements pubertaires. Il s'agit d'un processus élaboratif qui a pour fonction d'intégrer le pubertaire dans un registre sublimatoire, dans un renoncement à la satisfaction pulsionnelle immédiate.

À l'adolescence, la problématique centrale semble moins de l'ordre du conflit que de la sauvegarde de l'identité, de la sauvegarde narcissique (Jeammet, 1991). Dès que l'objet, par son excès de présence ou d'absence, en d'autres mots, par l'inadéquation de ses réponses, oblige l'adolescent à vivre son impuissance, il y a fracture possible entre narcissisme et relation objectale.

Tout l'enjeu du travail psychique de l'adolescence se manifeste dans une dialectique entre « supports externes et ressources internes », dans l'articulation entre une dimension interne où dominent les aspects pulsionnels et narcissiques, et une dimension externe constituée par l'environnement familial, les parents et l'environnement extérieur à la famille.

L'équilibre psychique de l'adolescent dépendra de ses capacités à mobiliser ces supports identificatoires intériorisés ou actualisés dans des relations concrètes extérieures.

La réalité externe, le recours à la recherche de sensations et d'actions seront d'autant plus importants que l'organisation psychique sera fragile et ne pourra tenir son rôle de tampon entre monde externe et monde interne.

I. LES RECOURS DÉFENSIFS POSSIBLES POUR ÉVITER LES CONFLITS GÉNITAUX

Les adolescents dont le moi-peau n'a pas été bien internalisé, chez qui des confusions demeurent présentes, qui n'ont pu se saisir du processus de séparation/individuation pour réaménager la relation entre eux et les objets, ou qui se sont maintenus dans des situations de faux self, voient leurs modes d'organisation et de défense voler en éclats avec l'arrivée du remaniement pubertaire.

Le sentiment d'étrangeté, de mal-être provoqué par le corps, les façons spécifiques de certains adolescents de le maltraiter, de le maîtriser, rendent compte à la fois de la dimension narcissique en jeu et de la question reposée des limites. Des comportements du type anorexie, boulimie qui rendent compte de fixations à la fois orales et anales et de toute-puissance phallique, témoignent en même temps des transformations particulières de l'adolescence, en particulier de l'hyperinvestissement ou du désinvestissement excessif de ce corps qui pose problème.

1. Le recours à la confusion soi/objet pour éviter la génitalité : la boulimie

Dans la crise boulimique, où il s'agit de se remplir, ce n'est pas le goût des aliments qui importe mais la sensation de réplétion. Lorsque cette sensation de réplétion ou d'étouffement est perçue, le sujet s'arrête de manger. L'après-crise est marquée de phénomènes physiques désagréables (céphalées, douleurs abdominales, fatigue, etc.) et d'un profond mal-être psychique : honte, sentiment de ne rien valoir, d'être gros(se), etc.

Dans la boulimie, les résultats de l'étayage et du refoulement qui assuraient l'autonomie relative de l'acte alimentaire, par rapport à la sexualité, sont remis en question.

L'émergence d'un registre sexuel oral archaïque témoigne de régression et de fixation pulsionnelles au niveau prégénital de la névrose, avec les diverses dimensions de l'oralité : avidité, impatience, intolérance à la frustration, à l'attente, perte de la différenciation dans la fusion avec l'objet, destruction de l'objet corrélative à son engloutissement. Par ailleurs, les aliments sont traités comme des excréments contrôlés. Les deux orifices, oral et anal, sont comme en contiguïté, ne laissant guère de place à la digestion, à l'introjection (dans cette optique, les processus mis en jeu chez les anorexiques et les boulimiques vomisseuses sont proches, la différence étant que ces dernières se mettent quand même en quête d'un objet, mais que celui-ci se révèle dangereux). Il s'agit d'une sorte de cloaque bucco-pharyngo-anal. Les composantes anales déterminent la dimension sadomasochique directement à l'œuvre dans le vomissement qui suit fréquemment les accès boulimiques (expulsion destructrice violente, attaque sadique des parents). Chez les adolescentes, on peut percevoir ce double mouvement, spécifique à la période de séparation/individuation et à ses troubles (*cf.* chap. 2, IV, et 3, IV) : désir de fusion et peur de réengloutissement. L'appétence objectale, manifestée de façon impulsive et agressive, ne se calme pas par la rencontre avec l'objet mais implique au contraire la fuite.

Les sujets boulimiques présentent un défaut d'intégration narcissique. On a le sentiment que ces adolescents tentent, dans cet acte oral, à la fois de ressentir leurs limites et, dans le même temps, de les abolir dans une sorte de confusion soi/objet. Mais le besoin de l'objet devient envahissement et source de dédifférenciation. Ces impulsions, incontrôlables à l'expulsion, s'expliquent par la nécessité de se retrouver, d'évacuer l'objet envahisseur qui leur fait perdre leur identité, qui pourrait déformer leur corps, les détruire.

Il semble que, généralement, une grande confusion des limites règne du côté parental et contribue à créer le climat incestuel (Racamier, 1995), caractéristique de l'ambiance au sein de ces familles. Dans ces familles, s'il n'y a pas de passage à l'acte incestueux, il y règne cependant un tel climat d'indifférenciation entre les générations, que les fantasmes œdipiens en deviennent impossibles tant ils sont des équivalents d'inceste. La pensée s'en trouve, de ce fait, entravée.

2. Le recours à la sensorialité pour réprimer ses affects et ressentir ses limites corporelles : l'anorexie

Pour parvenir à conquérir son autonomie, l'adolescent devra renoncer au refuge maternel et parental. Il fait l'expérience du vide intérieur, de l'accablement, de la tristesse qui accompagne le renoncement aux objets œdipiens.

Lorsque le processus de séparation n'a pu se faire, la peau psychique manque de fiabilité, et des recours à des sensations corporelles peuvent, temporairement, être nécessaires. Lorsque le processus d'individuation est défaillant, l'adolescent manque de moyens pour élaborer, secondariser, sublimer ce qui est à l'œuvre pour lui. On peut, par exemple, rencontrer des adolescents efficients scolairement et incapables d'assumer la séparation. L'inverse semble plus rare.

Pour se plaindre de son mal-être psychique, l'adolescent utilise souvent, de façon inconsciente ou peu consciente, le biais de maux. Benjamin Jacobi (1999, p. 134) déclare qu'à l'adolescence, la présence de la plainte pourrait bien être le signe du « développement affectif normal » comme la dépression de la petite enfance. Bien que cette plainte s'exprime souvent sur un mode somatique, elle cherche la voie de la subjectivation. L'adolescent tente-t-il là d'abord, au travers de traces sensorielles, d'anciens conflits ? De toute façon, ces plaintes nous indiquent une régression vers l'organisation prégénitale sadique-anale : l'opposition passif/actif.

L'une des protestations les plus manifestes, de cette lutte contre le corps adolescent, est l'anorexie. Les menstruations disparaissent, le corps maintient ses formes enfantines. L'aménorrhée n'est pas la conséquence directe de la restriction alimentaire, mais témoigne d'un syndrome endocrinien complexe imputable à une mise en repos de l'hypophyse qui peut précéder l'amaigrissement. En même temps que l'on constate cette éruption pulsionnelle génitale, on peut souvent constater aussi une régression vers les pulsions prégénitales. Il pourra paraître surprenant, dans cette brève présentation des modes de défense, que je sépare anorexie et boulimie, habituellement associées comme deux modalités d'une même problématique. Il me semble, cependant, que l'anorexie se caractérise par une régression particulière et des mécanismes de défenses spécifiques. L'appel à la sensorialité pour éviter toute pensée et toute émotion, y est massive, la recherche du vide, intense : vide à l'intérieur du corps, vide psychique, vide de l'angoisse, vide de la dépression. Les anorexiques semblent proches de ces patients névrosés ayant, selon F. Tustin, une capsule d'autisme dans les profondeurs de leur personnalité :

> Ils ne sentent pas qu'il y a un milieu qui est un endroit où les choses peuvent être stockées et digérées, et qui relie le haut et le bas du corps, et le rend tridimensionnel.
>
> F. Tustin, *Le Trou noir de la psyché*, 1986, trad. fr. 1989, p. 248.

Les perceptions corporelles sont le mode d'expression de ce conflit fondamental. Il n'est pas rare que, sans tirer aucun plaisir de ses agirs, les adolescents racontent les longues heures passées à taper sur une balle contre un mur, en oubliant tout, si ce n'est la sensation et le bruit du choc de la balle sur la raquette de tennis, ou leur façon de se perdre dans des rythmes corporels lors de longues courses où seul compte la cadence de la rencontre du pied contre le sol… Il faut que la perception ne s'arrête pas, ne cesse que par épuisement et chute dans le sommeil. Le temps et l'espace n'existent plus. Le vide mental qui résulte de ces procédures défensives évacuatrices de l'objet, appelle au remplissage sensoriel, comportemental. On peut y voir là des procédés autocalmants ou des défenses de type autistique avec refuge dans la sensorialité.

Certaines sensations corporelles sont l'objet d'une vigilance aiguë. Ces perceptions, qui sont guettées, se révèlent parfois aberrantes ; elles ne remplissent pas leur fonction : ces adolescents disent ne pas savoir s'ils ont faim ou soif, ne reconnaissent pas la sensation de satiété. Les sensations corporelles, déviées de leurs fonctions, envahissent les champs des intérêts et se substituent à d'autres activités mentales et même à toute activité de représentation.

Même si l'amaigrissement constitue une demande vis-à-vis des parents, elle est totalement niée par le comportement et par le discours. Il s'agit d'une pathologie de pseudo-indépendance réactionnelle, autodestructrice, résultant de cette reviviscence des relations primitives à la mère. L'échec dans l'élaboration de cette crise provoque la réactivation des conflits de la première enfance. Le conflit des identifications sexuées remet en cause l'identification primaire elle-même. Une lutte du moi s'instaure pour rejeter de lui-même toutes les parties du moi qui peuvent ressembler à un objet trop conflictuel. Ainsi, tous les aspects du corps qui sont ou ont été lieu de la dépendance à l'objet, deviennent menaçants pour l'autonomie et l'intégrité du sujet. Les transformations pubertaires sont négativement investies et régressivement ressenties comme emprise de l'objet. L'emprise de la mère sur les besoins de son enfant au sein d'une mauvaise différenciation pourrait rendre difficile l'individualisation et la constitution d'un moi solide.

L'environnement, les parents, les médecins sont placés dans des situations intenables, d'impuissance, dont ils tentent de sortir parfois de façon brutale, par des passages à l'acte. L'insertion sociale comme l'efficience intellectuelle de ces adolescentes est souvent très conformiste, superficielle. Il semblerait qu'au cours du premier développement et de la période de la latence, un faux self se soit construit, que l'adolescence vient remettre en question par la violence des pulsions, l'avidité insatiable et la destructivité sous-jacente. L'adolescence révèle la fragilité du moi qui était passée jusque-là inaperçue. La conduite anorectique peut être une réorganisation provisoire offrant des issues aux divers éléments en jeu.

II. LA RUPTURE DE DÉVELOPPEMENT

La puberté oblige le moi à se confronter à une sexualité génitale et à une identité sexuelle. Il faut accepter de n'être qu'homme ou que femme. L'échec dans la tentative de résolution du complexe d'Œdipe peut provoquer des décompensations d'allure psychotique.

La rupture de développement a pour tâche essentielle d'empêcher l'établissement d'une identité sexuelle définitive et elle produit, de ce fait, une désorganisation. Le processus d'intégration des désirs sexuels et des identifications œdipiennes, dans une identité sexuelle stable, n'est pas possible pour ces adolescents. Il y a rupture du processus d'intégration de soi-même dans l'image du corps parvenu à maturité. Le *breakdown* a parfois été traduit, non comme rupture de développement mais comme panne d'identification, ce qui rend bien la pensée de Moses et Eglé Laufer et inclut, par conséquent, quasiment toutes les pathologies adolescentes : passages à l'acte suicidaire, agressifs, anorexie, boulimie, etc. Le risque majeur serait l'entrée dans la psychose. Ces adolescents plongent alors dans une perception du monde de type schizo-paranoïde. L'une des formes les plus fréquentes de décompensations de type psychotique est l'apparition de bouffées délirantes, parfois passagères. Se positionnant en termes de développement, M. Laufer considère que l'adolescence étant encore une période riche en possibles réaménagements, il est indispensable d'offrir à ces jeunes une chance de réorganisation, en proposant une prise en charge analytique conséquente. On peut ajouter à cela la nécessité d'offrir un appui à la famille, et à eux, si nécessaire, une médication adaptée les soulageant de trop d'angoisse pouvant provoquer des passages à l'acte irrattrapables.

Il est indispensable de commencer une prise en charge de ces adolescents, avant que les organisations défensives mises en place ne se fixent. Il s'agit de leur donner une seconde chance développementale, et ainsi de les rendre moins vulnérables à un trouble psychique sévère pendant la vie adulte.

Bibliographie

ABRAHAM K. (1916-1917). « Examen de l'étape prégénitale la plus précoce du développement de la libido », dans *Œuvres complètes*, 2, Paris, Payot, 1966, pp. 231-254.

ANZIEU D. « L'illusion groupale », dans *Nouvelle Revue de psychanalyse*, 1971, n° 4, pp. 73-93.

ANZIEU D. (1985). *Le Moi-Peau*, Paris, Dunod.

BETTELHEIM B. (1967). *La Forteresse vide*, Paris, Gallimard, 1969.

BERGER M. (1992). *Les Séparations à but thérapeutique*, Paris, Dunod.

BERGER M. (1997). *Les Troubles du développement cognitif*, Paris, Dunod.

BICK E. (1968). « L'expérience de la peau dans les relations d'objet précoce », dans D. Meltzer et coll., *Explorations dans le monde de l'autisme*, Paris, Payot.

BICK E. (1986). « Further considerations on the ounction of the skin in early objects relations », *British Journal of Psychotherapy, 2*, n° 4, pp. 292-301.

BION W.R. (1962). *Aux sources de l'expérience*, Paris, PUF, 1979.

BION W.R. (1962). « Une théorie de l'activité de penser », dans *Réflexion faite*, Paris, PUF, 1983, pp. 125-135.

BLOS P. (1962). *Les Adolescents*, Paris, Stock.

BOUCHARD-GODARD A. (1979). « Étranger en la demeure », dans *Nouvelle Revue de psychanalyse*, n° 19, pp. 161-176.

BOURDIER P. (1998). « La céphalée de l'enfant ou contribution à l'étude des états prémorbides de l'enfance », dans *Revue française de psychosomatique*, 1998, n° 13, pp. 191-213

BOWLBY J. (1969, 1973, 1980). *Attachement et perte*, Paris, PUF.

CASTORIADIS-AULAGNIER P. (1975). *La Violence de l'interprétation*, Paris, PUF.

DAVID M. et LAMOUR M. (1984). « Recherche sur les nourrissons de familles carencées », *Psychiatrie de l'enfant*, 27, n° 1, pp. 175-222.

ERIKSON E. (1950). *Enfance et Société*, Paris, Delachaux et Niestlé.

ERIKSON E. (1968). *Adolescence et Crise*, Paris, Flammarion.

FREUD S. (1900). *L'Interprétation des rêves*, Paris, PUF, 1976.

FREUD S. (1905). *Trois essais sur la théorie de la sexualité*, Paris, Gallimard, 1991.

FREUD S. (1913). « La disposition à la névrose obsessionnelle », dans *Névrose, Psychose et Perversion*, Paris, PUF, 1990.

FREUD S. (1921). *Psychologie des masses et analyse du moi*, dans *Œuvres complètes*, XVI, Paris, PUF, 1991.

FREUD S. (1926). *Inhibition, Symptôme, Angoisse*, Paris, PUF, 1978.

FRITH U. (1989). *L'Énigme de l'autisme*, Paris, Odile Jacob, 1992.

GAMMILL J. et ATHANASSIOU C. (1982). « Pour préparer une véritable période de latence : quelques considérations psychanalytiques », dans J. Gammill, *À partir de M. Klein*, Paris, Césura, 1998.

GAMMILL J. (1998). *À partir de M. Klein*, Paris, Césura.

GIBELLO B. (1994). *L'Enfant à l'intelligence troublée*, Paris, Bayard.

GUIGNARD F. (1993). « Différence des sexes et théories sexuelles. Désir et danger de connaître », *Revue française de psychanalyse*, 57, n° 5, pp. 1691-1699.

GUTTON P. (1963). *Le Bébé du psychanalyste*, Paris, Paidos/Le Centurion.

GUTTON P. (1991). *Le Pubertaire*, Paris, PUF.

HAAG G. (1988). « La psychanalyse des enfants psychotiques.

Quelques problèmes techniques et leurs rapports avec les données actuelles de l'investigation », dans *Journal de la psychanalyse de l'enfant*, n° 5, pp. 185-204.

Jeammet P. (1991). « Les enjeux des identifications à l'adolescence », dans *Journal de la psychanalyse de l'enfant*, n° 7, pp. 140-161.

Kaës R. (1975). « Quatre études sur la fantasmatique de formation et le désir de former », dans R. Kaës, D. Anzieu, L.-V. Thomas, N. Le Guérinel et J. Filloux, *Fantasme et Formation*, Paris, Dunod, pp. 1-71.

Kaës R. (1976). *L'Appareil psychique groupal*, Paris, Dunod.

Klein M. (1921-1945). *Essais de psychanalyse*, Paris, Payot, 1980.

Klein M. (1932). *La Psychanalyse des Enfants*, Paris, PUF, 1978.

Klein M. (1957). *Envie et gratitude*, Paris, Gallimard, 1968.

Kreisler L. (1987). *Le Nouvel Enfant du désordre psychosomatique*, Toulouse, Privat, 1992.

Laufer M. et Laufer E. (1989). *Rupture du développement*, Paris, PUF, 1993.

Lebovici S. (1994). « Préface », dans B. Gibello, *L'Enfant à l'intelligence troublée*, Paris, Bayard, pp. VII-XII.

Lemay M. (1998). « Résister : rôle des déterminants affectifs et familiaux », dans B. Cyrulnik, *Ces enfants qui tiennent le coup*, Saint-Paul-France, Hommes et Perspectives, pp. 27-44.

Mahler D. (1968). *Psychose infantile*, Paris, Payot, 1977.

Marty P. (1976). *Les Mouvements individuels de vie et de mort*, Paris, Payot.

Marty P. (1991). *Mentalisation et psychosomatique*, Paris, Les Empêcheurs de penser en rond.

Meltzer D. (1975). *Exploration dans le monde de l'autisme*, Paris, Payot, 1984.

Meltzer D. (1992). *The Claustrum*, London, Clunie Press.

Meltzer D. et Harris M. (1981). *Le Rôle éducatif de la famille*, document fait à la demande de l'O.C.D.E.

Misès R. (1990). *Les Pathologies limites de l'enfance*, Paris, PUF.

Misès R. et Perron R. (1995). « Étude psychopathologique des déficiences intellectuelles de l'enfant », dans S. Lebovici, R. Diatkine et M. Soulé, *Nouveau Traité de psychiatrie de l'enfant et de l'adolescent*, Paris, PUF.

Peeters T. (1996). *L'Autisme*, Paris, Dunod.

Petot J.-M. (1982). *Melanie Klein. Le Moi et le bon objet 1932-1960*, Paris, Dunod.

Paour J.-L. (1979). « Apprentissage de notions de conservation et induction de la pensée opératoire concrète chez les débiles mentaux », dans R. Zazzo, *Les Débilités mentales*, Paris, Armand Colin.

Pinol-Douriez M. (1984). *Bébé agi, Bébé actif*, Paris, PUF.

Pinol-Douriez M. (1992). « Construction d'affects et genèse des représentations mentales », dans P. Mazet et S. Lebovici, *Émotions et affects chez le bébé et ses partenaires*, Paris, Eshel, pp. 157-175.

Pinol-Douriez M. et Despinoy M., dans A. de Mijola, *Dictionnaire de la psychanalyse*, Paris, Calmann-Lévy (à paraître).

Racamier P.-C. (1995). *L'Inceste et l'Incestuel*, Paris, Les Éd. du Collège.

Rutter M. (1998). « L'enfant et la résilience », *Le Journal du psychologue*, 162, pp. 46-49.

Schaeffer J. (1995). « Le locataire », dans *Revue française de psychanalyse*, n° 3, pp. 885-890.

Smadja C. (1995). « Les autocalmants ou le destin inachevé du sadomasochisme », dans *Revue française de psychosomatique*, n° 2, pp. 57-68.

Stern D. (1985). *Le Monde interpersonnel du nourrisson*, Paris, PUF.

Szwec G. (1995). « Relation mère-enfant machinale et procédés auto-calmants », dans *Revue française de psychosomatique*, n° 2, pp. 69-90.

Tustin F. (1981). *Les États autistiques chez l'enfant*, Paris, Le Seuil, 1986.

Tustin F. (1984). « Les formes autistiques », dans *Lieux de l'Enfance*, 1985, n° 3, pp. 221-246.

Tustin F. (1986). *Le Trou noir de la psyché*, Paris, Le Seuil, 1989.

Winnicott D. W. (1957). *L'Enfant et sa famille*, Paris, Payot, 1975.

Winnicott D. W. (1969). *De la pédiatrie à la psychanalyse*, Paris, Payot, 1978.

Winnicott D. W. (1971). Jeu et Réalité, Paris, Gallimard, 1986.

Index

ambivalence : 103
angoisse : 27, 34, 38, 40, 67, 82, 98, 100, 101, 102, 108, 11
angoisse de castration : 101
angoisse de réengloutissement : 108, 114
anorexie : 51, 115, 116, 117
apprentissage : 17, 21, 22, 27, 35, 84, 86, 87
auto-calmants (procédés) : 65, 116
autisme : 15, 16, 17, 18, 35, 59
autisme confusionnel : 106, 107
autistique (forme) : 65
autistique (objet) : 65, 68
auto-érotisme : 55, 66, 73, 90, 93

boulimie : 113, 114

carences affectives : 58, 74, 94
carences fantasmatiques : 79
claustrum : 93
clivage : 34, 98, 105, 108
complexe de castration : 75, 76
complexe d'Œdipe : 75, 76, 77
comportement opératoire : 39, 40, 62
comportement hyperactif : 53

comportement (troubles) : 14, 53, 61, 88
conformisme : 106
confusion (confusionnel) : 67, 74, 108, 109
conflit : 12, 14, 82, 97, 105, 106, 112
conflit œdipien : 83, 91, 98, 100, 101, 102, 112, 117
conversion hystérique : 97, 99, 100
cris, pleurs : 18, 19
crise : 6, 14, 98, 117

déficit, déficitaire : 14, 61, 66, 80, 84
démantelement : 63
déni : 68, 98
dépression : 41, 42, 57, 58, 95
déprivations sensorielles : 38, 42, 46
développement : 8, 13, 14, 118
dysharmonie relationnelle et défaut d'ajustement : 37, 40, 41, 45, 51, 55, 56, 61, 104
dimentionnalité :
- bidimentionnelle, bidimentionnalité : 15, 16, 17
- tridimentionnelle, tridimentionnalité : 17, 18, 109

échec de croissance : 94

écholalie, échopraxie : 20, 85, 90
encoprésie : 93
équation symbolique : 51
étiologie : 11, 12, 36, 37, 40, 59
expérience de miroir : 31, 55

fétiche : 68
fixation : 13
formation réactionnelle : 76, 78, 93
frustration : 26, 35, 98

hospitalisme : 57, 94
hyperadaptation : 13, 41, 42, 100, 106
hypermaturité : 103
hypertonie : 35, 53
hypotonie : 52, 60
hystérique (trait) : 98, 99, 100

identification adhésive : 15, 27, 29, 64, 85
identification projective : 29, 49, 86
incestuel : 76
incorporation : 31, 34, 49
inhibition : 77, 79, 80, 88, 97, 103, 105
interaction : 18, 19, 20, 22, 26, 37
interrelation : 22, 23, 24, 25, 26, 33, 49, 74
introjection : 35, 49

langage, productions vocales : 17, 20, 34, 59, 64, 72, 85

mémorisation : 16, 17, 36, 63
mérycisme : 50, 51, 52, 53, 55
mimétisme : 18, 84, 106

nanisme psychogène : 94, 95
narcissisme : 82, 91, 92, 106, 107, 113, 114
névrose : 83, 98
normal/pathologique : 7, 8, 14, 24

obésité : 90, 91
objet autistique : 65, 68
objet transitionnel : 67, 68
objet consolateur : 68
obsessionnel (traits) : 90, 102, 103, 104

pare-excitation : 24, 47, 48, 55
pensées obsédantes : 103, 104
pathologie limite : 104, 105
peau psychique, Moi peau : 15, 26, 27, 28, 29, 30, 64, 73, 115
phobies : 100, 101, 102
prématurité : 38, 43, 44
prématurité du Moi : 107
projection : 31, 34, 35, 98, 108
protoreprésentation : 27, 34, 35, 51, 64
psychose : 14, 40, 41, 64, 66, 67, 68, 98, 106, 107, 108, 109
psychose confusionnelle : 65

refoulement : 78, 98, 101, 111

regard : 17, 18, 20, 28, 43, 59
résilient, résilience : 25, 26
rétention : 74, 93
rupture de développement : 117, 118
ruptures relationnelles : 8, 57, 58

seconde peau : 33, 35, 36
sensations, sensorialité, traces sensorielles : 34
sensorialité intermodale et consensualité : 16, 17, 31, 34, 64
séparation, individuation : 47, 58, 66, 67, 68, 105, 112, 113
somatisation : 14, 47, 94, 99, 105, 113, 115

spasme du sanglot : 58
stéréotypie : 60, 66
structure : 8, 25, 97
symbiose, symbiotique : 28, 67, 107
syndrome : 14, 48
symptôme : 8, 12, 13, 48, 87, 88

tic : 89, 90
troubles du transit : 49, 50
troubles sensoriels : 17, 43, 62, 63, 64, 116
troubles du sommeil : 54, 57, 60, 95

vomissements psychogènes : 49, 51

O44380-(III)-(2)-OSB 80 - PPC-MMC
Imprimé en France par I.M.E. - 25110 Baume-les-Dames
Dépôt légal : Mars 2002
Dépôt légal de la 1re édition : 4e trimestre 1999
N° d'imprimeur : 15617